Marlene Beuerle-Adam

Das Saiteninstrument Kinnor in der Arbeit mit Senioren

Anregungen, Beispiele und Erläuterungen für musikgeragogische Arbeit

Bibliografische Information der Deutschen Nationalbibliothek:
Die Deutsche Nationalbibliothek verzeichnet diese Publikation in der
Deutschen National-bibliografie; detaillierte bibliografische Daten sind
im Internet über http://dnb.dnb.de ab-rufbar.

Herstellung und Verlag: BoD – Books on Demand, Norderstedt

ISBN: 978-3-7357-9393-5

Inhalt

1 Musik

1.1 Musik verstanden als Kunst

Wenn ich als Referentin an einer Altenpflegeschule oder zu einer Weiterbildung zur Gerontopsychiatrischen Fachkraft eingeladen bin und auf dem Stundenplan „Musikgeragogik" steht, treffe ich, wenn ich den Unterrichtsraum betrete, oft Teilnehmer, die sich gesenkten Hauptes mit abwehrender Körperhaltung mit den Beinen auf ihren Stühlen verknoten. Die Ablehnung steht ihnen auf die Stirn geschrieben, skeptische Blicke sind noch die positivste Reaktion und es dauert ein Weilchen, bis ich die Mauer, die sie umgibt, durchbrechen kann.

Das Wort **Musik** löst offenbar heftige Vorbehalte aus. Und die Angst, vielleicht singen zu müssen, lässt die Teilnehmer sich in sich selbst verkriechen und ihr Unbehagen wird fast körperlich spürbar.

Schade, denke ich, dass eine so schöne Kunst so negative Gefühle auslöst. Und da sind wir beim Kern der Sache: als **„Kunst"** wird Musik verstanden - und leider auch oft in den Schulen gelehrt. Als eine Kunst, deren komplizierte Regeln gelernt werden müssen und deren Ausübung den Künstlern, also den Fachleuten überlassen bleibt. Der Fachmann in der Schule ist der Musiklehrer und oft ist sein Votum „kann singen" oder „kann nicht singen" lebensbegleitend. Nicht selten treffe ich noch im Altenheim Menschen, die sagen: „Schon mein Grundschullehrer hat gesagt, dass ich nicht singen kann"- und dieses Urteil kann über einem langen Leben wie ein Fatum stehen.

1.2. Musik und Singen

In der zweiten Grundschulklasse musste ich, wie alle Kinder meines Jahrgangs, vorsingen. In enormer Höhe stimmte ich ein Lied an und scheiterte bald, weil die Stimme die Tonhöhe nicht mehr hergab, die das Lied verlangt hätte. Als die Klasse in schallendes Gelächter ausbrach, wäre ich am liebsten im Boden versunken. Sehr viel später im Gymnasium hatte ich das Glück, einem engagierten und begeisterten Musiklehrer zu begegnen, der es verstand, mich zu ermutigen und zu motivieren. Ich werde nie den Tag vergessen, an dem er mir nach einem Vorsingen die Hand reichte, sie lange schüttelte und sagte: „Herzlichen Glückwunsch, jetzt hast du deine Stimme gefunden". Von dem Tag an stellte sich bei mir eine unbändige Freude am Singen ein, die zu einer Gesangsausbildung führte und mich seither begleitet. Wäre es bei meiner ersten Singerfahrung geblieben, wäre mein Leben möglicherweise ganz anders verlaufen.

So kann es wohl dazu kommen, dass mit dem Begriff Musik nur eine negative Singerfahrung assoziiert wird. Musik wird daher oft nur noch konsumierend erlebt und zur Hintergrundunterhaltung degradiert. Wenn in jedem Kaufhaus Musik läuft (es gibt dafür den Begriff der „Tapetenmusik", der gut beschreibt, welche Funktion solche Musik hat), sich jedes Handy mit einer Musik bemerkbar macht (Musik so zum „Klingelton" wird), verwundert es nicht, dass das Bewusstsein für den Eigenwert von Musik verloren geht.

Wenn ich von **Musik** spreche, dann meine ich nicht nur die Musik großer Meister, virtuose Instrumentalmusik oder Kunstgesang, ich meine *Urwahrnehmungen der Welt mit allen Sinnen* (Heiko – Uwe Beuerle).

„In jedem Gespräch ist Musik – unerklärliche Harmonien und Dissonanzen, die im Körper vibrieren wie eine Stimmgabel" Aus: Die Leiden eines Amerikaners von Siri Hustvedt, Rowohlt Verlag 2009 S. 395

1.3 Musik als Urwahrnehmung

1.3.1 Musik im Mutterleib

Wie ist das zu verstehen?

Klänge umgeben uns von der Zeugung an: Blut rauscht durch die großen Gefäße, Atem- oder Darmfunktionen sind nicht lautlos, Bewegungen des Knochenapparates verursachen Geräusche, die Stimme der Mutter begleitet durch die gesamte Schwangerschaft und der Herzschlag der Mutter liegt wie ein Kontrapunkt unter allen anderen Tönen und Geräuschen. Durch die Bewegung des Zwerchfells beim Atmen der Mutter sind die Geräusche – oder die „Musik" immer mit Druckveränderungen verbunden, so dass Musik viel mehr als lediglich ein Hörerlebnis ist. Es ist ein Ganzkörpererlebnis, das von Beginn an den Menschen als Gesamtheit erfasst und im wahrsten Sinn des Wortes bewegt. Sehr früh in der Schwangerschaft, ab der zwanzigsten Woche, reagiert der Fötus auf akustische Reize, deutliche Reaktionen sind ab der 25. Schwangerschaftswoche zu beobachten und drei bis vier Monate vor der Geburt antworten Föten motorisch auf akustische Reize.

1.3.2 Musik als Metrum, Takt, Rhythmus, Perkussion, Obertöne und Melodie

Das musikalische Umfeld im Mutterleib ist bestimmt durch **Metrum** (Pulsschlag), **Takt** (Atem), **Rhythmus** (Körperbewegungen), **Percussion** (Geräusche) sowie **Obertöne, Klang** und **Melodie** (Stimme der Mutter). Der Fötus vernimmt zunächst die Obertöne, die vom Kehlkopf über das Rückenmark und den Uterus übertragen werden. Die Obertöne der menschlichen Stimme teilen mit, was der Mensch fühlt, wenn er spricht oder singt. Ohne ihr Wissen gestaltet die Mutter für ihr Kind eine Musik, die es neugierig auf das Leben macht, die ihm Lust zum Leben vermittelt.

1.4 Musik als wichtiger Teil aller Kulturen

So verwundert es nicht, dass Musik eine zentrale Stellung in allen Kulturen einnimmt. Kein religiöser Kult ist ohne Musik denkbar, mit Musik werden Seelenbewegungen und religiöse Rituale begleitet und zu Gehör gebracht.

Freude und Trauer werden musikalisch ausgedrückt: wir kennen Klagelieder beim Tod eines Menschen, über schwere Schicksale oder Unterdrückung. Freudentänze und - gesänge bei Hochzeit, Geburt, Initiationsriten oder bei guter Ernte. Darüber hinaus kann Musik orientierende Wirkung haben, nicht nur für gelingendes Leben, sondern ganz praktisch: Bei den Aborigines zum Beispiel bilden „Songlines" eine Art akustischer Landkarte: dort werden die „GPS Daten" sozusagen singend hörbar gemacht und dienen für alle wahrnehmbar der räumlichen

Orientierung. Zur See fahrende Indianerstämme wie die Maoris verwendeten für verschiedene Schiffsrouten je eigene Lieder, die bei der Rückfahrt rückwärts gesungen wurden.

1.4.1 Verweltlichung der Musik

Auch in unserem Kulturkreis war Musik zunächst religiöse Musik. Singen liturgischer Gesänge war nur dem Klerus gestattet und der Gesang war einstimmig. Erst später bildete sich Mehrstimmigkeit aus. Mit den Minnesängern des Mittelalters eroberte die Musik langsam den profanen Bereich und wurde zur „Kunst".

1.4.2 Entstehen der Kunstmusik

Das Kunstlied ist eine späte und perfektionierte Form dieser Entwicklung und es bedarf großer „Kunstfertigkeit", es trotz technischer und musikalischer Vollendung natürlich und schlicht klingen zu lassen.

Sehr verkürzt und vereinfacht habe ich die Musikgeschichte dargestellt, um zu verdeutlichen, dass sich aus einem elementaren Bedürfnis des Menschen ein hohes Kulturgut entwickelt hat. So unterschiedlich die Ausformungen und Entwicklungen in verschiedenen Kulturen, Ländern und Kontinenten auch verlaufen sein mögen, überall ist die Musik ein zentraler und unverzichtbarer Teil des jeweiligen Soziallebens.

1.5 Musik als Urbedürfnis aller Menschen

In diesem kleinen Büchlein möchte ich mein Augenmerk auf die Musik als ein allen Menschen innewohnendes und berührendes Grundbedürfnis richten. Im Folgenden zeige ich, dass es keiner akademischen Ausbildung oder eines langen Studiums bedarf, um Freude, Glücksmomente und Sinnerfüllung in und mit Musik zu erleben, vielmehr wohnen jedem Menschen die Fähigkeiten zur Wahrnehmung und Ausübung von Musik inne. Ich möchte einen „niederschwelligen" Zugang aufzeigen und beschreiben, wie selbst Menschen, die zuvor nie ein Instrument gespielt (es heißt sehr treffend „ein Instrument spielen" und nicht „ein Instrument bearbeiten" [ein „Instrument bearbeiten" hat eine negative Bedeutung] und wird mit rein mechanischem Spiel assoziiert]) haben, ohne große Mühe zu Musikanten werden können.

1.6 Musik als wichtiger Bestandteil jeder Biografie

Musik spielt in der Biografie eines jeden Menschen eine wichtige Rolle. Bei vielen Menschen meiner Generation war die Musik der Beatles ein Wendepunkt im Leben.

Sie bedeutete Auflehnung gegen den Musikgeschmack der vorherigen Generation. Die von den Eltern sogenannte „Negermusik" war viel mehr als nur Musik: sie war ein neues Lebensgefühl. Haare wurden länger, was zu erbitterten Kämpfen um jeden Zentimeter führte: Wenigstens Ohren und Nacken sollten frei sein. Meine Mutter lief mit gezückter Schere durch den Garten hinter meinem Bruder her, dem ich die Haare geschnitten hatte und sie ihm in schwesterlicher Solidarität so lang wie möglich gelassen hatte.

Eine neue „Jugendkultur" entstand, das war in den sechziger Jahren geradezu revolutionär und führte zu Ungehorsam gegenüber einer Elterngeneration, deren Sozialisation noch in streng hierarchischem Umfeld erfolgt war. Unverständnis und Schweigen auf Seiten der Elterngeneration führte zu Wut und schließlich leider auch zu Gewalt. Dies alles schwingt mit, wenn ich Lieder der Beatles höre - dazu kam eine große Sehnsucht nach Freiheit in Denken, Lebensführung und Kleidung. Mit der Musik der Beatles konnten wir uns aus der Kleinbürgerlichkeit hinweg träumen, beflügelt durch diese erfrischend neue und unkonventionelle Musik. Ein Gefühl der damaligen Aufbruchsstimmung schwingt mit, wenn ich z.B. „Yesterday" höre und es kann geschehen, dass ich zu Tränen gerührt bin.

Dies als ein persönliches Beispiel für die biografische Wirkung von Musik in unserer Generation.

Viele „Lebensknotenpunkte" sind mit Musik verbunden und da die Fähigkeit, Musik wahrzunehmen auch in der Demenz bis ans Lebensende erhalten bleibt, erschließt sich hier die Möglichkeit des Zuganges zum Menschen und seiner verloren geglaubten Identität über die Musik. Dies kann auch für Angehörige beglückend und entlastend sein.

1.6.1 Schlaf- und Wiegenlieder

Auf den Armen der Mutter erfährt der Säugling Geborgenheit und Sicherheit durch die Stimme der Mutter, die zu ihm in einer Art Sing-Sang spricht, ihm Lieder summt oder singt und ihn beruhigend hin - und her wiegt. Vielleicht singt sie ein Wiegen- oder Schlaflied. Diese Lieder gehören zum tief verankerten Erinnerungsschatz, der gerade am Ende des Lebens gehoben werden kann, wenn das Verständnis für Worte verloren gegangen ist, Unruhe und Angst den Menschen ergreifen. Wiegen- und Schlaflieder stillen die Sehnsucht nach Trost und Sicherheit.

Kniereiter mit rhythmischen Sprechen oder Singen befriedigen das Bedürfnis nach Sicherheit durch wiederkehrende Bewegungen, oft unterbrochen durch eine abrupte Bewegung wie „Plumps"- wenn der Reiter in den Graben fällt und damit ein erwarteter und ersehnter Nervenkitzel ist. Am Ende des Lebens taucht die verlorene Sehnsucht, wieder „in Takt zu sein" auf, wenn unentwegt geklopft, gestrichen oder dieselben Silben gesprochen werden. Rhythmusbetonte Lieder oder Musikstücke können dieses Bedürfnis stillen und auflösen.

1.6.2 Kinderlieder verorten in der Umwelt

Dem Kind erschließt Musik das Verständnis der umgebenden Welt durch Kinderlieder, die zunächst nachahmen, wie Katze, Hund, Kuh, Schaf oder Ziege klingen. Auch Uhren oder Glocken werden lautmalerisch imitiert. Da Kinder solche Lieder unentwegt hören und sich selbst vorsingen können, erfolgt ein intensives und sich im Körper verankerndes Vertraut - Werden mit der Umwelt. Später kommen Tageszeitenlieder, Lieder über Wetterereignisse, die umgebende Natur und Lebensumwelt oder Berufe dazu. So wird der Mensch durch Lieder vertraut mit der Lebenswirklichkeit um ihn herum.

Den Weg in soziales Miteinander erleichtern Tanz- oder Reigenlieder, die durch im Singen, Bewegen und Anfassen erfahrenen Körperkontakte Bekanntwerden mit einander zunächst fremden Menschen schaffen.

1.6.3 Volkslieder erzählen von Gefühlen, Stimmungen, Heimat

Inneres Erleben wird in Volksliedern beschrieben, die Liebe, Schmerz, Abschied, Freude und Trauer, Jugend und Alter, Einsamkeit und Tod besingen. Diese tiefen und privaten Gefühle werden im Lied ausgedrückt, geteilt und mitgeteilt, mit eigenem Erleben gefüllt und unzerstörbar im Gedächtnis verankert.

Biografisch wichtige Lebensereignisse sind mit Musik verknüpft: Geburtstage, Taufe, Kommunion/Konfirmation/Jugendweihe, Hochzeit, Beerdigung oder kirchliche Feiertage. In und mit der Musik können diese Geschehnisse erinnert werden.

Eine ganz eigene Bedeutung in der Biografie der jetzt hochaltrigen Menschen haben Heimatlieder. Viele erlitten in und nach dem zweiten Weltkrieg den Verlust der Heimat, Vertreibung oder Ausbombung. Diese Traumata drängen am Ende des Lebens ins Bewusstsein - auch und besonders in der Demenz und können durch Gespräch oder Therapie nicht mehr bearbeitet werden. In Liedern und Musik können diese quälenden Gefühle gespiegelt und sogar aufgelöst werden. Gefühle werden nicht alt, das Berühren mit Klängen kann in jedem Alter genossen werden, Musik kann eine Spanne glücklicher Zeit erinnern und dadurch Schmerz und Trauer mildern.

Bedenken wir diese große Bedeutung von Musik gerade in der Kindheit und im Jugendalter, wird deutlich, dass das Singen auch von Kinderliedern mit verwirrten Menschen keineswegs Infantilisierung oder Missachtung bedeutet, sondern die verloren gegangene Verbindung zur Umwelt wieder erinnern lässt. Ein Sich- Entsinnen an sich selbst kann daraus entstehen und so eine Brücke von der Gegenwart in die Vergangenheit schlagen.

Musikalische Rückbesinnung weckt Erinnerungen, stärkt dadurch die Gegenwart, lässt Kontexte aufleuchten und hilft, die eigene Identität (*Identitas* = Wesenseinheit) wieder zu finden. Musikalische Biografiearbeit wird so zur Rückbindung an die Gegenwart.

1.6.4 Geistliche Volkslieder

Einen besonderen Stellenwert besitzen geistliche Volkslieder. Sie sind, ähnlich wie Volkslieder, populär und im kulturellen Erinnerungsschatz verankert, haben darüber hinaus einen tiefen spirituellen Wert. Sie können, gerade weil sie so eingängig und „einfach" sind, gerade am Ende des Lebens Trost spenden. Ich denke hierbei an Lieder wie „Weil ich Jesu Schäflein bin", „Jesu geh voran" und vor allem auch „So nimm denn meine Hände". Besonders mit lezterem habe ich viele gute und bewegende Erfahrungen gerade bei hochaltrigen Menschen oder Sterbenden gemacht.

Arthur Schopenhauer stellte fest: „Keine Kunst wirkt auf den Menschen so unmittelbar, so tief wie die Musik. Eben weil keine uns das wahre Wesen der Welt so tief und unmittelbar erleben lässt." Angesichts des oben Beschriebenen ist dem nichts mehr hinzuzufügen.

2 Musikgeragogik

2.1 Bedeutung: musikalische Bildung des alten Menschen

Eine noch junge Disziplin ist die Musikgeragogik. Hat es die Musikpädagogik mit der Beziehung des Kindes oder Jugendlichen zur Musik zu tun (Das Wort Pädagogik leitet sich vom griechischen *pais* = Knabe, Kind ab), so beschäftigt sich die Musikgeragogik mit dem Verhältnis des alten Menschen zur Musik (*geron* = der alte Mensch; *gogik* = Bildung), mit den musikalischen Aktivitäten im Alter. Es handelt sich um die **musikalische Bildung des alten/älteren Menschen**.

Darin unterscheidet sie sich von der Musiktherapie, die eine Psychotherapie mit Musik ist. Beide Disziplinen überschneiden sich zuweilen, jedoch sollte der grundsätzliche Unterschied nicht verwischt werden, weil es sich um zwei unterschiedliche Zielsetzungen handelt. Leitziel der Musikgeragogik ist, ein sinnerfülltes und zufriedenes Altern zu unterstützen, Ziel einer musiktherapeutischen Intervention ist die Lösung eines psychischen Problems oder Konfliktes.

2.1.1 Gehirnphysiologische Hintergründe

Durch die bildgebende Darstellung des Gehirns kann in neuerer Zeit die Wirkung von Musik auf das Gehirn sichtbar gemacht werden. So sind wir nicht mehr allein auf die beobachtbaren Wirkungen von Musik angewiesen, wie veränderte Gestik und Mimik, Intensivierung der Gesichtsfarbe, vertiefte Atmung, Hinwendung zu Anderen, vermehrte Aufmerksamkeit, verbesserte Motorik sowie veränderte Sprach- und Ausdrucksfähigkeit. Die neuen Verfahren der Neurobiologie verleihen auch der Musikgeragogik eine „aufzeigbare" Relevanz, die bestätigt, dass es sich beim Musizieren mit alten Menschen nicht nur um einen netten (aber auch verzichtbaren) Zeitvertreib handelt, sondern um ein komplexes und nicht zu unterschätzendes Geschehen, das Einfluss auf das Wohlbefinden sowie auf psychische und körperliche Gesunderhaltung, ja sogar auf deren Gesundung hat.

Wegweisend sind hier die Forschungsergebnisse von Prof. Eckart Altenmüller am Institut für Musikphysiologie und Musiker-Medizin an der Hochschule für Musik, Theater und Medien, Hannover. Er erklärt uns die Musik als eine Art Vernetzungs- und Plastizitätskunst (Plastizität ist die Anpassung des zentralen Nervensystems an komplexe Spezialanforderungen), die schon nach Minuten die Anzahl der Synapsen und deren Effizienz steigert. Das führt dazu, dass nach dem Musizieren verbesserte Gedächtnisfunktionen und optimierte Strategiebildung zu verzeichnen waren. Daraus erwächst deutlich sichere Alltagskompetenz. Auch wenn dies nur ein winziger Ausschnitt aus den neueren Forschungsergebnissen ist, wird deutlich, welch wirkmächtige Kunst die Musik weit über den ästhetischen Erlebniswert hinaus darstellt – und dies bis in die Demenz hinein und bis an das Lebensende.

Die Musikgeragogik korrespondiert mit den Nachbarwissenschaften Gerontologie, Erziehungswissenschaft, Heilpädagogik, Soziale Arbeit, Andragogik (Erwachsenenbildung) und nicht zuletzt mit der Elementaren Musikpädagogik. Sich gegenseitig befruchtend und anregend tragen all diese Disziplinen dazu bei, den alternden Menschen unterstützend zu begleiten und ihm zu helfen, ein durch den demografischen Wandel und die medizinischen Fortschritte immer längeres Leben lebenswert und erfüllend zu gestalten.

2.1.2 Alte Menschen nehmen an kulturellem Geschehen teil

Durch die Musikgeragogik wird auch dem hochaltrigen und nicht mehr mobilen Menschen Teilhabe an kulturellem Leben und Bildungsangeboten eröffnet.

Sie lädt alte Menschen zu Hause oder im Altenheim dazu ein, sich musizierend die Welt um sie herum neu zu erobern, sich erinnernd zu vergewissern, dass über alle täglich erlebten Defizite hinaus es in und mit Musik Lebens- und Liebenswertes gibt, für das zu leben es sich lohnt. Die Musik schafft eine Welt, in der die Beschwernisse des Alters weniger quälend sind, in der ohne Worte, die vielleicht schon verloren sind, ein beglückender und dynamischer Austausch mit anderen Menschen geschieht und in der sich die Seele in eine andere Welt erheben kann.

E.T.A. Hoffmann fasste das in die bewegenden Worte: „Die Musik schließt dem Menschen ein unbekanntes Reich auf. Eine Welt, die nichts gemein hat mit der äußeren Sinneswelt, die ihn umgibt und in der er alle bestimmten Gefühle zurücklässt, um sich einer unaussprechlichen Sehnsucht hinzugeben." Gerade in der Demenz wird die Sehnsucht nach Geborgenheit, nach Trost, nach „Heimkehr" (Synonym dafür ist das immer wieder vernehmbare Rufen nach der Mutter) übermächtig angesichts einer Situation, die gekennzeichnet ist durch Fremdheit in der Umgebung, mit anderen Menschen und sogar im eigenen Körper.

2.1.3 Spendet Trost und lässt Sinn erleben

In der Arbeit mit an Demenz erkrankten Menschen spendet das gemeinsame Musizieren Trost in einer oft trostlos erscheinenden Situation, sie dient der Kontaktaufnahme ohne die Angst, Worte nicht mehr verstehen zu können, sie bezieht Menschen in eine Gemeinschaft ein, aus der sie sich für gewöhnlich ausgeschlossen fühlen. Sie bedeutet eine sinnstiftende und erfüllende Beschäftigung.

2.1.4 Ermöglicht Zugang zur eigenen Biografie

Durch die oben beschriebenen Wirkungen von Musik wird deutlich, dass über die Beschäftigung mit Musik eine Verbindung zur eigenen Biografie und damit zur eigenen Identität gebahnt werden kann. Nicht umsonst heißt es, Musik sei der Königsweg im Umgang mit alten und dementen Menschen. Viele schwierige Situationen könnten entschärft werden, wenn das Wissen um die segensreiche Wirkung von Musik bei Pflegenden verbreiteter wäre.

2.2. Hoher gesellschaftlicher Wert

Beim Nachdenken über die oben beschriebenen Argumente erschließt sich die Bedeutung des Musizierens mit alten Menschen. Es stellt einen hohen gesellschaftlichen Wert dar, da eine große Bevölkerungsgruppe an kulturelle Bildung geführt wird. Sie wird integriert in die Gesellschaft, die sie eigentlich bereits aus dem Blick verloren hat. Verschiedene Projekte können die Grenzen zwischen Alten und Jungen, Dementen und „Gesunden" überschreiten. Dabei denke ich an Mutter/Kind-Mu-

sik-Gruppen in einem Altenheim, an denen regelmäßig Senioren teilnehmen, an Musizier- Gruppen, in denen Kinder und Alte gleichwertige
Teilnehmer sind und in denen gemeinsam Musik gemacht wird. Jeder
trägt das bei, was er vermag und es gibt kein „richtig" oder „falsch".

3 Der Kinnor – das Instrument

3.1 Bedeutung des Namens „Kinnor"

Als eine hervorragende Hilfe in der Arbeit mit an Demenz erkrankten Senioren hat sich das Saiteninstrument Kinnor erwiesen, dessen weicher aber dennoch substantieller Klang berührt und dazu anregt, kreativ auf dem Instrument Klänge zu erzeugen und sich dadurch Gehör zu verschaffen. Erstaunlicherweise fühlen sich besonders Menschen mit fortgeschrittener Demenz animiert, mit den zarten Saitenklängen zu experimentieren. Sie können, ohne zu „wissen", wie das Instrument gespielt wird, Gefühle äußern, müssen nicht befürchten, etwas falsch zu machen. Der Druck, etwas erlernen zu müssen, entfällt zugunsten einer Freude am Spielen.

3.1.1 König David spielte auf einem Kinnor

Besonders gut gefällt mir die Darstellung des Kinnor spielenden Königs David von Marc Chagall in der Mainzer Pfarrkirche St. Stefan. Leider ist das Fenster recht hoch und klein, so dass es vor Ort nicht so eindrücklich ist wie auf dieser Abbildung. Das Bild zeigt, wie gesammelt und konzentriert sich König David dem Kinnorspiel hingibt. Einen ähnlich versunkenen Gesichtsausdruck beim Kinnorspiel beobachte ich besonders bei Kindern und auch bei sehr alten Menschen.

3.1.2 Übersetzung des Namens

Der Name Kinnor kam uns in den Sinn, weil zu der Zeit, da ich gemeinsam mit dem Instrumentenbauer Bernd Schneider aus Ludwigsbrunn das Instrument so, wie es jetzt vorliegt, entwickelte, eine unserer Töchter für ein Jahr in Israel war und wir uns mit der Sprache und Geschichte dieses Landes intensiver befassten. Das hebräische Wort **Kinnor** heißt „**Saitenspiel mit zehn Saiten**" und die Bezeichnung beschreibt schlicht und trefflich das Instrument - so lapidar und lakonisch, wie nur die hebräische Sprache das vermag. Und der Gedanke, dass bereits König David auf einem Kinnor gespielt habe (wenn der auch sicher anders aussah), gefiel mir sehr.

Abb. 1: Marc Chagall in der Pfarrkirche St. Stefan, Mainz

3.1.3 Erwähnung in den Psalmen

In den Psalmen des Alten Testaments wird der Kinnor immer wieder erwähnt. In Psalm 33, Vers 2+3 heißt es „Danket dem Herrn mit Harfen und lobsinget ihm auf dem Psalter mit zehn Saiten. Singet ihm ein neues Lied, macht´s gut auf Saitenspiel mit Schalle" Oder in Psalm 92, Vers 2ff „Das ist ein köstlich Ding, dem Herren danken und lobsingen deinem Namen, du Höchster, des Morgens deine Gnade und des Nachts deine Wahrheit verkündigen auf dem Psalter mit zehn Saiten..." „Des Morgens deine Gnade und des nachts deine Wahrheit verkünden": ist dies nicht eine wunderbares Motto für ein Musikinstrument?

3.1.4 Der Klang „macht die Seele sanft"

Wenn die Worte verloren gegangen sind, kann der Kinnor Unsagbares erklingen lassen. In einem Bericht, den ein Journalist über meine Arbeit mit dem Kinnor verfasst hat, schrieb er: „Der Klang des Kinnors macht die Seele sanft" - dies ist eine treffende Beschreibung der Wirkung des Kinnor-Klanges auf Menschen. Dieser besänftigende Klang kann besonders bei sehr aufgeregten, unruhigen und aggressiven alten Menschen erstaunliche Veränderungen bewirken, so dass er zu einem wahren Segen in der Arbeit werden kann.

3.1.5 Erfahrungen einer Ergotherapeutin

Eine von mir in Musikgeragogik und dem Einsatz des Kinnors in der Musikgeragogik ausgebildete Ergotherapeutin berichtete mir:

„Ich kann mir die Arbeit ohne den Kinnor gar nicht mehr vorstellen, ich benutze ihn an fünf Tagen der Woche. Besonders gefällt mir, dass er sich überhaupt nicht verstimmt. Schon bei der Begrüßung neuer Bewohner nehme ich den Kinnor mit. So komme ich gleich gut in Kontakt zum Bewohner über meine Arbeit und die Bewohner erzählen daraufhin von ihren Vorlieben für Musik. Der Kinnor ist somit auch ein Instrument zum Anregen von Gesprächen. Bei der Einzeltherapie erweist er sich auch als sehr nützlich und unentbehrlich. Bis zur Sterbebegleitung, den letzten Stunden des Bewohners begleitet er mich. Und dabei habe ich die Erfahrung gemacht, dass vor allem Kinderlieder die Bewohner beruhigen. Dies stelle ich in einer Entspannung der Mimik und Atmung fest. Rundherum: der Kinnor ist aus meinem Alltag als Ergotherapeutin nicht mehr wegzudenken." (Andrea Kalb, Kassel)

Abb. 2: Kinnor

3.2 Der Aufbau des Kinnors

3.2.1. Korpus

Der Korpus (= Klangkörper) des Kinnors besteht aus hochwertigen und lange abgelagerten Hölzern wie Ahorn, Nussbaum, Mahagoni oder Birnbaum, die auch beim Bau von Gitarren, Zithern oder Hackbrettern verwendet werden, der Rahmen besteht aus Hartholz. Die Qualität dieser Hölzer ist ausschlaggebend für den Klang des Instrumentes.

Der Korpus ist handlich und durch seine Größe gut geeignet für die Arbeit mit alten Menschen. Das Holz fühlt sich weich und warm an und wird so auch zu einem haptisch angenehmen Erlebnis. Ecken und Kanten sind abgerundet. Das Instrument ist robust und stabil und nimmt auch eine unsanfte Behandlung durch Menschen, die ihre Motorik nicht mehr zuverlässig kontrollieren können, nicht übel. Auch die Stimmung der Saiten ist erstaunlich stabil, sind diese erst einmal eingedehnt, wird ein Nachstimmen fast überflüssig. Durch die kunstvoll geschnitzte Rosette, die das Schallloch ziert, ist der Kinnor ein kleines Kunstwerk, dessen Schönheit erfreut.

3.2.2.1 Psychologische Bedeutung des Klangkörpers

Folgen wir der Theorie der Musiktherapeutin Ulrike Höhmann, stellt ein Instrument für die Musik das dar, was für den Menschen der Körper ist. Der klanggebende Teil - bei dem Kinnor sind das die Saiten - trägt männliche Merkmale. Der Resonanzkörper, der Korpus also, als klangaufnehmender, mitschwingender Teil des Instruments, der sich offen und breit präsentiert, stellt das weibliche Element dar. Das Gerüst, der aus Hartholz gefertigte Rahmen, spiegelt als haltgebender Teil das Skelett. Das Instrument in seiner Gesamtheit als Schmuckstück steht als Sinnbild für Lebendigkeit. Folgen wir dieser Theorie, die mich anspricht, fasziniert und in meinen eigenen Beobachtungen bestätigt, so bedeutet das Improvisieren auf dem Kinnor eine wirksame Möglichkeit, Verschüttetes, Verkümmertes oder wenig Entwickeltes im eigenen Leben auf dem Instrument darzustellen. So kann über das spielerische Improvisieren etwas aus der Innenwelt nach außen- zu Gehör- gebracht werden. Das könnte die Versunkenheit erklären, mit der manche Menschen sich dem Instrument widmen und wie gefesselt spielen.

3.2.2.2 Beobachtbare Wirkung des Klanges

 Freude und Beglückung, oft gar eine Art Entrückung, nehme ich in den Gesichtern wahr und es kann geschehen, dass Tränen beginnen zu fließen. Das zeigt mir, dass hier etwas *„ins Fließen"* gekommen ist. Vor diesen Tränen sollten wir uns nicht fürchten oder sie gar wegreden wollen. Wir dürfen sie als Zeichen verstehen, dass im Menschen Bewegung entstanden ist, die sich in Bewegung äußert - nämlich im Fließen der Tränen. Gehen wir weiterhin davon aus, dass der „Flow" nach Mikaly Csikszentmihalyi ein völliges Aufgehen in einer Tätigkeit beschreibt, können wir ermessen, wie wichtig diese Tränen sind - und wie lebendig sie den Menschen machen, der sich im Fließen, in der Einheit mit sich selbst und seinem Tun erlebt. Ich hoffe und wünsche dann, dass der Fluss bis in die Vergangenheit strömt und sich mit vielen kleinen hinzukommenden Rinnsalen und Bächen zu einem breiten Strom vereinigt, der „*Identitas*" (Identität) heißt und auf diese Weise eine antwortende Identität wieder hergestellt wird. Antwortend hier nicht gemeint im Sinne einer verbalen Antwort sondern in einer lebendigen Antwort von Assoziationen, Gefühlen oder Erinnerungen, die vielleicht nur innerpsychisch aufleuchtet.

Kinnorähnliche Instrumente aus Sperrholz gefertigt sah ich in Kindergärten, deren Klang stumpf und matt war, weil Sperrholz wegen seiner Verleimung nicht klingen kann. Auch kann die rein funktionelle und lieblose Form des Korpus nicht gefallen – gerade Kinder sollten mit hochwertigen und ästhetischen Instrumenten bekannt gemacht werden.

3.2.2 Die Saiten

Die **Klangqualität** ist mir wichtig, weil sich über den Resonanzkörper der Klang wiederum auf den Körper des Spielenden überträgt. Bedenken wir, dass die Menschen, mit denen ich musiziere, oft nur noch über Klänge und Empfindungen kommunizieren, kann die Güte des Instrumentes gar nicht hoch genug sein.

Gleiches gilt für die **Saiten**: die Saiten des Kinnors bestehen aus mit Silberdraht umsponnenem Kunstfaserkern. Diese Saiten, die für jeden Ton eine spezielle Stärke und Länge haben, werden eigens angefertigt und einzeln mit der Hand gedreht. Die Saite fasst sich angenehm an - substantiell zwar, aber nicht hart, nicht so dünn, dass sie die empfindlichen Fingerspitzen alter Menschen scharf berührte. Der Ton ist warm schwingend, nicht zimperlich oder dünn, er überträgt sich kräftig auf den Korpus. Steht dieser auf einem Holztisch, erklingt das Instrument angenehm rund und voll. Wird es am Körper gespielt oder auf den Körper aufgelegt, z.B. bei Bettlägerigen unter die Fußsohlen oder an den Unterarm, durchströmen die Klänge den gesamten Körper auf sanfte und wohltuende Weise.

3.2.3 Physische Wirkung des Klanges

Diese milden Resonanzen wirken in die Tiefe, jedoch nicht so fordernd und eventuell verstörend, wie Klangschalenklänge sich auswirken können, wenn sie nicht fachgerecht eingesetzt werden. Die Kinnorresonanzen bewirken eine leichte Stimulation der Muskeln, Nerven, Sehnen und Faszien, die sich bis in das Innere des Körpers fortpflanzt und dort Atmung, Herzschlag, Blutdruck und Durchblutung anregt. Dies alles geschieht sehr sanft und in sozusagen homöopathischer Dosierung. Der physischen Belebung folgt die psychische: die Stimmung verbessert sich sichtlich, oft zeigen strahlende Augen, dass tatsächlich wie im Lied „Hab oft im Kreise der Lieben"… „und alles, alles, alles und alles war wieder gut" eine deutliche Verbesserung eintrat.

Abb. 3: Kinnor

---

4 Der Kinnor in der Arbeit mit Dementen

4.1 Der Kinnor macht uns zu musizierenden Partnern

Im gemeinsamen Musizieren werde ich zum Partner, zum Verbündeten des alten Menschen. Ich bin kein Therapeut, keine Pflegekraft, die den zu Betreuenden versorgt oder pflegt. Ich bin ein Mitmensch, der auf Augenhöhe mit einem anderen Menschen Musik macht. Die Musik stellt keinen Anspruch, fordert nichts, sie erfreut nur. Das ist tröstlich, entlastet den Menschen, der immer wieder Defizite erlebt, und kann Saiten zum Klingen bringen, die lange nicht mehr vernehmbar waren. Dies ist die wunderbare Chance des gemeinsamen Musizierens: wir werden zu „Kollegen", die gleichwertig sind und zwischen denen kein Gefälle besteht.

4.1.1 Der Kinnor lädt zum „Spielen" ein

Nicht der Unterschied des „Könners" zum „Nichtkönner" spielt eine Rolle, sondern wir beide sind Spielende. Bezeichnenderweise heißt es: ein Instrument spielen – nicht etwa ein Instrument bearbeiten (wenn gesagt wird, jemand bearbeite ein Instrument, hat die Aussage eine negative, technische Tendenz). Da wird die Leichtigkeit - aber auch Ernsthaftigkeit - ausgedrückt, die wir bei Kindern beobachten können, die sich spielend die Welt erschließen. Ich fordere von meinem Spielpartner keine Leistung. Für ihn spielt Leistung keine Rolle mehr. Wir können uns der Freude an Klängen und deren vielfältigen Variationen hingeben. Streiche ich mit einem Federkiel über die Saiten, klingt es ganz anders, als wenn eine Kastanie über die Saiten fährt. Ein unter die Saiten gelegtes trockenes Blatt lässt den Kinnor spröde und trocken tönen, Muscheln raspeln rau und störrisch. Der Kinnor ist ein Tausendsassa: Er kann lachen, weinen, toben, säuseln, seufzen, die Sonne aufgehen lassen oder Regen vom Himmel träufeln. Er kann altbekannte Weisen ertönen lassen oder fremde und neue Musik spielen. Holz, Kastanien, Stöckchen, Steine oder gar Pinsel machen Musik und wecken Neugier. Der Kinnor fordert dazu heraus, sich mit ihm zu beschäftigen, hörend oder mit ihm spielend. Er ermuntert auch den, der nie zuvor mit einem Instrument zu tun gehabt hat, ihn zu erforschen, er ermutigt und tröstet, er zeigt, dass es noch Dinge gibt, die bewältigt werden können, die Freude machen und Licht in den Alltag bringen.

Schwerhörigen zeigt er, dass sie durchaus noch etwas hören können, dann nämlich, wenn der Resonanzkörper an den Wangenknochen gehalten wird und Saiten gezupft werden. Die Schallweitergabe erfolgt über die Knochenleitung, so dass das schwerhörige Ohr überlistet wird.

4.1.2 Der Kinnor weckt Spielfreude

Die Hand der Menschen, denen das Bewusstsein für ihren Körper bereits völlig verloren gegangen ist, lege ich auf die Saiten und bald beginnen sie, über diese zu streichen oder sie zu zupfen. So spürt der Mensch über die erklingenden Saiten seine Hand - es bedarf keiner Erklärung oder Belehrung. Dies zu erleben, kann aufrüttelnd sein, wird doch mit eigener Kraft Wohlklang geschaffen. Dies kann sehr tröstlich sein, weil in einer oft nicht mehr verstehbaren Welt permanent Unstimmigkeiten und Verstörendes erlebt werden. Oft sehe ich beglücktes und entspanntes Lächeln auf Gesichtern, die vordem erstarrt oder versteinert wirkten.

Durch dieses Tun kann ein Gefühl für die eigene Identität erinnert werden, die laut Rolf Oertler auf Selbsterkenntnis und Selbstgestaltung beruht."Selbsterkenntnis" kann in einem Zustand des Selbstvergessens, wie ihn die Demenz hervorruft, erfolgen durch Wahrnehmen, Tun und Erinnern. Diese Prozesse können durch das Spielen und den Klang des Saiteninstruments initiiert werden. Selbstgestaltung ist im fortgeschrittenen Stadium der Erkrankung fast unmöglich, dennoch kann sich im Musizieren Gestaltungswille manifestieren.

Darüber hinaus bedeutet gemeinsames Musizieren ein Aufbrechen der

Isolation, wie sie durch die Krankheit hervorgerufen wird. Der Mensch wird wieder zum Teil eines Größeren, über ihn selbst Hinausgehenden. Das kann eine ganz neue Standortbestimmung bedeuten und eine Neuentdeckung anderer Menschen – und ein Erinnern daran, selbst einmal Teil einer Gemeinschaft gewesen zu sein – und wieder zu sein.

Die Musik hat durch ihr Nach-Vorn-Drängen einen dynamischen Charakter und ermutigt den Menschen, aus seiner krankheitsbedingten Zurückgezogenheit herauszutreten. So stellt Musik eine Gegenbewegung zum Rückzug dar und erzeugt Spannung. Spannung - oder auch, negativ benannt, Stress ist durchaus lebenswichtig und belebend. „Guter" Stress aktiviert, regt an und motiviert. Leider fehlt dieser anregende positive Stress im Leben hochaltriger Menschen oft, was wiederum Erschlaffung befördert.

4.1.3. Der Kinnor muss nicht erklärt werden

Finger, die ungeübt sind, weil viele alltägliche Verrichtungen von anderen Menschen übernommen werden, weil sie schon lange nicht mehr „gebraucht" werden, können eine neue Lebendigkeit erlangen, wenn sie einen Klangweg über die Saiten suchen. Auf einmal sind sie wieder zu etwas nütze: dazu nämlich, dem Instrument angenehme Töne zu entlocken. Die hohe Qualität der Saiten ist auch hier ausschlaggebend: deren Klang macht Lust, immer mehr Töne zu spielen, immer wieder zu erleben, wie durch die kleine Bewegung des Anzupfens Musik entsteht, die einen eigenen Zauber hat. Töne entstehen nicht nur so obenhin, Töne können ausdrücken, was nicht mehr gesagt werden kann. Töne können von innerer Angespanntheit, von Wut, von Traurigkeit, von Freude von Verzagtheit oder von Mut und Zuversicht erzählen, sie können dem „Mitspieler" sagen, wie es mir ums Herz ist.

4.1.4. Der Kinnor fördert Kreativität und Feinmotorik

Über die Saiten gleitende Finger erforschen, wie die Saite klingt, wenn sie gestrichen, mit dem Fingernagel angerissen oder mit der Fingerkuppe gezupft wird. Finger können den Abstand zwischen zwei Saiten fühlen, in den Zwischenräumen spazieren gehen oder die Saiten hinaufklettern wie auf einer Leiter. All diese Erkundungen des Instruments beobachtete ich - bis hin zur Erschöpfung über das ungewohnte Tun und dem anschließenden Einschlafen. Dies Einnicken kann durchaus ein „aktives" sein, weil nach dem Wach - Werden oft da weitergespielt wird, wo unterbrochen wurde. Einschlafen während des Musizierens ist durchaus nicht gleichbedeutend mit Desinteresse, sondern ist ein ganz gewöhnliches Geschehen bei hochaltrigen Menschen. Immer wieder habe ich beobachtet, dass nach dem Aufwachen eine erstaunliche Präsenz festzustellen ist. Nach einer Phase des Wegdämmerns wird punktgenau in einem Lied weitergesungen – und dann sogar in meiner Tonhöhe und mit klarer und reiner Stimme. Darum „verstelle" ich meine Singstimme auch nicht künstlich nach unten, um mich der Tonhöhe alter Menschen anzupassen. Ich singe so, wie meine Sopranstimme eben klingt.

Abb. 5 : Der Kinnor in der Arbeit mit Dementen

5. Der Kinnor in Gruppenstunden

Die Grundidee aller Gruppenstunden ist, sich einem Thema von vielen verschiedenen Seiten an zu nähren. Durch aktives Erleben möchte ich einen Zugang zu Empfindungen, Emotionen und Erinnerungen ermöglichen, die durch Reden und Denken nicht mehr erreichbar sind.

5.1 Aufbau der Gruppenstunden

Ein immer gleich bleibender fester ritueller Ablauf hat sich als hilfreich erwiesen, weil gerade bei dementiell erkrankten Menschen ein äußeres festes „Gerüst" ein gutes Regulativ ist für die innere Haltlosigkeit und Deregulation. Ein Abweichen von dem gewohnten Ablauf schafft Verunsicherung, wie ich immer wieder feststellte. Die Abwechslung, die, wie ich dachte, gut tut, machte eher ängstlich und verkrampft.

Eine der Säulen meiner Arbeit ist, Sicherheit zu vermitteln, die Sicherheit auch, dass niemand etwas „leisten" muss, dass der Beitrag eines jeden Teilnehmers wichtig und richtig ist, dass jeder so viel beitragen kann, wie er es vermag.

Zu Beginn einer Gruppenstunde sitzen die Teilnehmer in einem Aufenthaltsraum um einen Tisch herum. In diesem Raum sind sie den überwiegenden Teil des Tages, und um bemerkt zu werden, muss ich mir „Gehör verschaffen".

5.1.1 „Signalmelodie" auf dem Kinnor gespielt

Ich spiele auf dem Kinnor und singe dann mein Signallied „Willkommen zur Musik", das die ersten Bewohner aufhorchen lässt, die die Augen öffnen und sich ein wenig aufrichten, um zu sehen, was da jetzt los ist. Dieses Aufrichten ist ein guter Impuls zum tieferen Einatmen und ich sehe ein erstes Aufleuchten von Interesse.

5.1.2 Heranführen an ein Thema durch Erleben

Irgendetwas habe ich immer mitgebracht, aus der Natur, der Jahreszeit entsprechend oder aus dem häuslichen Umfeld. Was ich mitbringe, soll möglichst seit der Kindheit bekannt sein. Im Herbst können das Nüsse, Kastanien, Blätter oder Hagebutten sein. Zu den Dingen des täglichen Lebens gehören Pinsel, Kamm oder ein Wattebausch.

5.1.2.1 Sinnliche Wahrnehmung

Fühlen, Riechen, Hören (wenn z. B. Kastanien in einem Säckchen klappern) erleichtern das Erforschen des Gegenstandes. Meistens sind die Gegenstände in einem Säckchen verborgen und können von außen ertastet werden, auch kann hineingegriffen werden. Es ist gar nicht wichtig, dass vom TN erkannt wird, was ich da mitgebracht habe: wichtig sind die vielfältigen sinnlichen Anreize. Ich streiche über die Handfläche oder den Handrücken, den Arm oder den Rücken, wenn das Material es gestattet. Hand und die Finger öffnen sich, wenn ich über sie hin streiche. So können sich durch verkürzte Sehnen bedingte Verkrampfungen lösen und oft sehe ich auch im Gesicht eine Veränderung. Auf vielerlei Art kann der Gegenstand erkundet werden: über Hand oder Arm wandern, auf der Handfläche oder dem Handrücken balanciert werden, mit der rechten oder linken Hand getragen werden, sanft oder fest gedrückt werden. Ist erst einmal mehr Vitalität und Wachheit in die Hände gekommen, begrüße ich jeden Einzelnen mit dem Lied „Ich grüße dich, du grüßt mich, wir reichen uns die Hände", halte ihm meine Hand hin und fast immer reicht mir auch der Bewohner seine Hand, denn das „Hand - Geben" ist ein fest verankertes Ritual. Diese persönliche Kontaktaufnahme macht uns auf dem Kinnor „handgreiflich" miteinander bekannt. Der Bewohner nimmt mich körperlich wahr, spürt meine Hand, meine Wärme, wir blicken uns in die Augen und können so auf Augenhöhe - von Mensch zu Mensch – miteinander in Kontakt treten. Hand, Stimme und Augen sind die Brücke, die uns jetzt verbindet. Dies geschieht auch ohne das gesprochene und vielleicht nicht mehr verstehbare Wort. Auch ich nehme den Partner intensiv wahr, spüre seinen Händedruck – den matten oder den kräftigen – sehe die Augen - wach oder verhangen –

spüre Aufmerksamkeit oder Desinteresse, nehme Trauer, Freude, Verzweiflung oder Zuversicht wahr. Diese wenigen Sekunden bedeuten viel für uns beide, sie schaffen die Grundlage für den weiteren Verlauf der Stunde, knüpfen ein unsichtbares Band zwischen uns, machen uns zu „Verbündeten". Dies ist für mich die beste und wichtigste Voraussetzung für ein Gelingen des gemeinsamen Musizierens.

5.1.2.2 Erfahrungen auf dem Kinnor

Vor jeden Bewohner lege ich einen Kinnor auf den Tisch, nun kann mit dem vorher erkundeten Gegenstand dessen Klang auf dem Instrument ergründet werden. Eine Muschel klingt auf den Saiten anders als eine Feder oder eine Kastanie. Oft beobachte ich große Konzentration und Versunkenheit beim Spiel. Klänge, die neu und ungewohnt sind, dringen an das Ohr, Finger und Hände üben eine feinmotorische Tätigkeit aus, die schon vergessen schien. Auch der Gegenstand in der Hand wird verfremdet, indem er zum klangerzeugenden Medium wird. Dies schafft neue Erfahrungen und kann durchaus als kreatives Tun verstanden werden.

5.1.2.3 Anschauen eines Bildes oder Fotos

Durch das Zeigen von Bildern stelle ich einen jahreszeitlichen oder situativen Bezug her. Im Laufe der Jahre habe ich viele Kalenderbilder oder vergrößerte selbst aufgenommene Fotos gesammelt, deren Farbenfreudigkeit und Schönheit immer wieder begeistern. Wenn ich diese Bilder zeige, singe ich ein dazu passendes Lied und erkläre nicht, sondern lasse Bild und Lied wirken. Wenn es auch oft nur ein „schön" ist, das ich als Resonanz höre, merke ich doch, dass beides Aufmerksamkeit erregt.

5.1.2.4 Hören eines Gedichtes

Ein Spruch, Sprichwort oder Gedicht – rhythmisch gesprochen und oft wiederholt – vertieft den Seheindruck. Dabei versuche ich, Altbekanntes zu finden, das oft noch erinnert wird, und häufig sprechen die Bewohner mit mir mit. Gerne unterstütze ich das Sprechen mit einer Ostinato – Begleitung auf dem Kinnor wie einen Sprechgesang, durch Klopfen des Taktes auf dem Instrument oder durch lautmalerisches Spielen auf dem Instrument. Auch so kann Bekanntes neu gehört und zu einem überraschenden Erlebnis werden.

5.1.2.5 Singen eines Liedes

Ein bekanntes Lied schließt sich an, das ich einige Male wiederhole, so stimmen immer mehr Teilnehmer mit ein und oft sehe ich eben noch schlafende Teilnehmer in den Gesang einstimmen – punktgenau an der richtigen Stelle. Nun kommen zuweilen auch schon Liedvorschläge aus der Gruppe und darüber freue ich mich ganz besonders, zeigt es doch, dass in den Menschen etwas angestoßen worden ist, das weiter arbeitet. Die Lieder bahnen einen Weg in die Vergangenheit, lassen Erlebnisse, Menschen und Orte aufscheinen und an dieser Stelle werden Erinnerungen wach und auch mitgeteilt. Nun ist eine ganz neue Stimmung und Präsenz in der Gruppe zu beobachten.

5.1.2.5 Mitspielstück aus der Musikliteratur

Zu jeder Stunde gehört, dass ein Stück aus der Musikliteratur vorgespielt wird. Ich verwende Tonträger mit Aufnahmen klassischer, vielleicht auch populärer Musikstücke. Grundbedingung für die Auswahl eines Musikstückes ist, dass es einen Bezug zur Thematik der Stunde haben soll. Habe ich im Herbst beispielsweise über Walnüsse gesprochen, gesungen oder Gedichte vorgestellt, bietet sich aus der Nussknackersuite von Peter Tschaikowsky der Tanz „Trepak" an, zu dem dann gerasselt, geklopft oder mit Walnusskastagnetten der Takt geschlagen werden kann. An dieser Stelle der Stunde ist für gewöhnlich die Aufmerksamkeit und Lebendigkeit am größten. Selbst Teilnehmer, die zuvor eingenickt waren, sind nun präsent und stimmen meistens taktgenau in das Musizieren ein. Dabei entsteht viel Lebhaftigkeit und Spiellust und die Gruppe wirkt munter und beteiligt. Daher schließe ich meistens eine Wiederholung der bereits gesungenen Lieder an, die nun mit den Instrumenten begleitet werden. Dadurch gewinnen die vorher nur gesungenen Lieder eine neue Akzentuierung und werden auf andere Art im Körper verankert. Stetig versuche ich, die bereits erarbeiteten Teile wieder aufzugreifen, anders zu pointieren, sie dadurch zu befestigen und immer wieder in Erinnerung zu rufen. So können auch Lieder und Verse neu gelernt und behalten werden. Es ist ein Irrtum, zu glauben, ein dementer Mensch könne nichts Neues lernen: in Verbindung mit Melodie und Rhythmus kann auch dies gelingen und es ist erstaunlich, wie viel auch über längere Zeit behalten werden kann, vorausgesetzt, das Lied, Gedicht oder der

Spruch haben eine „Melodie"-wie ja eine Reim auch seine „Melodie" hat. Durch Rhythmusinstrumente akzentuiert verankert sich das neu Gelernte dauerhaft und sicher. Zum Abschluss einer Stunde wiederholen wir die Inhalte der Stunde, jetzt sind Aufmerksamkeit und Teilnahme deutlich lebhafter und oft fällt es schwer, die Stunde zu beenden. Während ich singe, spreche auf dem Kinnor spiele oder die Bilder und Gegenstände nochmals zeige, packe ich langsam alle Materialien ein. Dieser Abschluss ist nicht abrupt, sondern soll die Erlebnisse und Erfahrungen der vergangenen 45 Minuten bündeln.

5.1.2.6 Abschiedslied

Schließlich beende ich die Stunde mit dem Abschiedslied „Reich mir die Hand, halt meine Hand, unsere Hände schließen den Kreis. Adé, ich sage tschüss lebe wohl, auf wiederseh´n". Jedem Teilnehmer reiche ich die Hand und oft geschieht es bei diesem Abschiedeslied, dass sich die Bewohner auch untereinander die Hände reichen. Damit ist dann auch die In-Sich-Gekehrtheit des Einzelnen aufgehoben, ein erwünschter aber nicht unbedingt zu erwartender Erfolg einer solchen Stunde – jedes Mal ein Highlight.

5.1.2.6 Wiederholung und Verabschiedung

Am Ende einer Stunde lasse ich dadurch, dass ich alle Materialien, die ich einpacke, noch einmal zeige, die Lieder singe, Gedichte oder Bauernregeln spreche, den Inhalt der Stunde Revue passieren. So wird das Einpacken zu einem wichtigen Bestandteil der Stunde und gehört unbedingt dazu.

Singend oder auf dem Instrument spielend verlasse ich den Raum - nicht etwa sang - und klanglos.

Der im Folgenden noch einmal zusammengefasste Stundenablauf ist sozusagen das Gerüst oder Skelett, um das jedes Mal neu das „Fleisch" des aktuellen Themas kreiert wird.

Ablauf einer Stunde:

- *Stille/Einstimmung* auf ein Thema durch Tasten, Fühlen, Riechen, Schmecken oder Erraten eines Gegenstandes
- *Begrüßung*: „Ich grüße dich/ du grüßt mich/ wir reichen uns die Hände"
- *Material*: Einführung eines Gegenstandes (Materials) zum Thema der Stunde passend begleitet von Kinnorspiel
- *Lied*: Volkslied, Kinderlied, o. ä. mit Kinnorunterstützung
- *Bildbetrachtung* mit musikalischer Begleitung (meistens gesungen)
- *Gedicht/Sprechvers*: Rhythmisches Sprechen mit Kinnorbegleitung oder anderen (Orff'schen) Instrumenten
- *Lied:* entweder ein weiteres Lied oder Wiederholung des vorhergehenden Liedes
- *Sprechvers* / Zungenbrecher o. ä.
- *Musikhören* aus der Musikliteratur. Begleitung mit Bändern, Tüchern, Rasseln, Schellen o. ä.
- *Abschluss* mit Rekapitulation der Stundeninhalte und Verabschiedung der TN

6 Der Kinnor in der Einzelbegleitung

6.1 Vorgespräch mit Angehörigen oder Pflegern

Die Ausgangssituation ist, dass ich von Angehörigen gebeten werde, mich einmal die Woche für eine halbe Stunde um Mutter oder Vater zu kümmern, die seit längerem im Bett liegen und fast nicht mehr kommunizieren, überwiegend schlafen oder vor sich hin dämmern.

In einem ausführlichen Erstgespräch erkundige ich mich nach biografischen Besonderheiten des Klienten, z.B. der familiären und landsmannschaftlichen Abstammung, dem Musikgeschmack, Vorlieben und Abneigungen in Bezug auf Musik. Biografisch relevante Ereignisse wie Taufe, Kommunion, Konfirmation, Hochzeit oder Beerdigungen können entscheidende Stationen des Lebens sein, die von Musik begleitet waren. Vielleicht gibt es Wanderlieder, Volkslieder, Kirchenlieder, Schlager o. dgl., die eine besondere Rolle im Leben gespielt haben und mit besonders emotional befrachteten Lebenssituationen verbunden sind. Diese gründliche Anamnese erleichtert die Kontaktaufnahme wesentlich.

6.2 Persönliche Kontaktaufnahme

6.2.1 Herantasten mit Kinnorklängen

Der Erstkontakt bedeutet für mich, sich auf eine aufregende und unvorhersehbare Situation einzulassen. Zwar habe ich Informationen über den vor mir liegenden Menschen im Hinterkopf, viel wichtiger jedoch ist meine intensive Wahrnehmung. Sehr behutsam trete ich an das Bett, begrüße den Klienten mit leisem Spielen auf dem Kinnor und warte erst einmal, ob eine Rückäußerung erfolgt.

6.2.2 Herantasten durch Summen und Singen

Ich summe mein Begrüßungslied, das als „Signallied" jedes Mal am Anfang der Stunde erklingt und damit das hörbare Zeichen für meine Ankunft ist. Das Angesungen - Werden ist eine unübliche Art der Kontaktaufnahme und erregt meistens Aufmerksamkeit. Die Augen schauen mich an - erstaunt und aufmerksam. Singend füge ich den Namen des Klienten in das Begrüßungslied ein, das steigert die Aufmerksamkeit. Vielleicht schläft der Patient weiter, dann spiele ich auf dem Kinnor, lege ihn vielleicht sacht an den Arm und spiele dabei zu meinem Singen. Hierbei gehe ich sehr zurückhaltend vor, um den vor mir liegenden Menschen nicht zu „überschwallen" mit Klängen, die ihm nicht angenehm sind.

6.3 Genaues Beobachten der Reaktionen

Ein genaues Hinsehen zeigt, wie viel (oder wenig) an Tönen angemessen ist. Meistens erreichen die Singstimme und der sanfte Klang des Saiteninstrumentes die Menschen. Ich setze mich an das Bett und warte, während ich summe, singe oder auf dem Instrument spiele die Reaktion meines Partners ab. Denn Partner sind wir jetzt: durch die Musik befinden wir uns auf Augenhöhe – ich bin kein Therapeut, keine Pflegeperson – ich bin ein Mensch, der mit einem anderen Menschen Musik macht. Ich muss nichts fordern, habe keinen Handlungsauftrag wie etwa Essen reichen, waschen oder das Bett richten. Dies ist meine große Chance, den Menschen in einer entspannten und stressfreien Situation zu erleben.

Klänge und Töne sind mehr als Geräusche, sie sind Bewegung und bewegen - auch im übertragenen Sinn bewegen sie das Gemüt. Wenn ich mit dem Kinnor sachte den Arm meines Gegenübers berühre und einige Töne anzupfe, überträgt sich der Klang nicht nur über das Gehör, sondern auch über die Resonanzräume des Körpers (z. B. Knochenleitungen) und bringt körperlich etwas „in Bewegung". Da die Außenreize bei bettlägerigen Menschen reduziert sind, bewirkt diese sanfte Stimulation viel, die Atmung kann sich intensivieren, der Kreislauf wird angeregt und die Muskeln können sanft stimuliert werden. Auf jeden Fall wird die Isolation durchbrochen. Setze ich dazu meine Stimme ein, indem ich summe oder singe, entsteht ein intimer und sehr persönlicher Kontakt.

6.4 Bei positiver Rückmeldung

6.4.1 Annäherung

Sehr genau beobachte ich, wie die Reaktion auf meine Angebot ist. Sehe ich eine Reaktion, versuche ich, zu erkennen, wie ich angemessen weiter arbeiten kann, ob es bei dem sehr zurückhaltenden Kontakt bleiben sollte oder ob ein kräftigerer Anreiz angezeigt sein könnte. Meistens ist die Aufmerksamkeit geweckt und der Weg zu einer intensiveren Arbeit gebahnt. Hier experimentiere ich ein wenig und merke schnell, welche Lieder oder Melodien diesen Menschen besonders ansprechen. Diese dürfen dann getrost oft wiederholt werden, ohne dass etwa Langeweile aufkommt, im Gegenteil wird mit der Wiederholung eine Art Sicherheit vermittelt: es vergeht und verfliegt nicht alles gleich wieder, sondern die Melodie kann sich in aller Ruhe einen Weg ins Innere des Menschen bahnen und dort vielleicht auf eine antwortende Resonanz treffen. Ich beobachte, dass mit jeder Wiederholung das „Mitsingen"- meistens beschränkt es sich auf ein Mitbewegen der Lippen- ausgeprägter wird. Es kann in ein Mitsprechen und in besonders intensiven Phasen in ein Mitsingen übergehen.

6.4.2 Verschiedene Klänge und Lieder

Habe ich wenige Informationen von Angehörigen, versuche ich mit bekannten Liedern einen Zugang zu finden. Als besonders hilfreich haben sich Lieder wie „Wenn ich ein Vöglein wär'", „Vöglein im hohen Baum", „Alle Vögel sind schon da" oder „Kommt ein Vogel geflogen" erwiesen. Ich kann nur mutmaßen, dass es sich dabei um die tiefe Sehnsucht handelt, sich über sie Beschwernisse des hohen Alters zu erheben - vielleicht auch danach, sich auf den letzten Weg zu begeben.

6.4.3 „Repertoire" erarbeiten

Einer Dame, die bereits seit drei Wochen im Koma lag, liefen bei dem Lied „Wenn ich ein Vöglein wär'" die Tränen unter den geschlossenen

Lidern hervor. Diese starke Reaktion berührte mich tief, zeigte sie doch unmissverständlich, dass das Lied den Weg in die Seele der bewusstlosen Frau gefunden hatte. Bei diesem Lied ist die Wendung „von der Mutter einen Gruß" von Bedeutung. Gerade der Gruß der Mutter kann den Weg bahnen zu Gedanken und Gefühlen, die tief verborgen, vielleicht sogar verschüttet, im Inneren ruhen. Tränen dürfen fließen und sollen nicht ausgeredet werden mit Wendungen wie „Sie müssen doch nicht weinen", „Es ist doch alles gut" oder „Das ist doch nicht so schlimm". Der Mensch *muss* jetzt weinen - er täte es ja sonst nicht, es ist auch längst nicht alles gut - und schlimm ist es allemal, wenn es ans Sterben geht und die Verlassenheit und Verlorenheit in dem einsamen Bett so spürbar wird. Angemessen ist es, diesen Schmerz mit zu ertragen, zu zeigen, dass auch ich keine Antwort habe, aber versuche, mit meiner Sympathie und mit meiner Empathie dabei zu bleiben. Ich rette mich nicht in Handgriffe, die zu tun sind oder beschwichtigendes Reden, sondern versuche, durch Melodiefolgen, gesungen oder gespielt, oder durch Lieder den Kummer zu spiegeln, aufzufangen und sachte zu kanalisieren, vielleicht einen gemeinsamen Weg aus dem Schmerz zu finden. Nach einem solchen Prozess erlebte ich, dass eine Dame, die bisher nicht gesprochen hatte, strahlend und sehr deutlich sagte: „Die Musik ist doch das Schönste", woraufhin sie zufrieden lächelnd einschlief.

Ein Herr, das wusste ich von seiner Tochter, liebte früher das Lied „Es steht ein Soldat am Wolgastrand". Er war anfangs sehr unruhig, suchte mit den Händen rastlos, nestelte und wischte. Während ich das Lied sang, legte ich seine Hand auf das Instrument, dessen Saiten er sanft anzupfte, zur Ruhe kam und sich immer wieder die Augen wischte. Ich konnte beobachten, wie er immer ruhiger wurde, die Hände auf den Kinnor legte und die Lippen immer intensiver zu dem Lied bewegte, bis er schließlich einzelne Wörter mitsprach. Auch hier blieb ich lange bei demselben Lied, bis sich seine innere Bewegung gelegt hatte und ein Lächeln seine Lippen umspielte. Was das Lied *„auslöste"*, was es *löste,* weiß ich nicht, konnte nur wahrnehmen, dass er am Ende der Stunde *gelöst* wirkte und seine vorher angespannten und verkrampften Gesichtszüge friedlich und entspannt waren. Auch die Rastlosigkeit der Hände hatte sich gelegt und er machte allgemein einen zufriedenen Eindruck.

Wenn wir davon ausgehen, dass uns im vorgeburtlichen Zustand- dem Zustand größtmöglicher Geborgenheit- „Musik" (Herzschlag der

Mutter, das Rauschen des Blutes, Darmperistaltik, Sprechen der Mutter) umgab, ist es verständlich, dass Musik dem alten und bettlägerigen Menschen ein Gefühl von Aufgehoben - sein vermittelt, ein Stück Sehnsucht nach Schutz und Sicherheit erfüllt. Dies jedenfalls sind meine Erklärungsmodelle für den Ausdruck von Glück, den ich oft beobachtet habe, wenn ich mit Menschen musizierte, die nicht mehr in der Lage waren, von sich aus in Kontakt mit mir zu treten.

6.5 Beenden der Stunde

6.5.1 Wiegen- oder Schlaflied

Abendlieder und Wiegenlieder können die Stunde beenden. Gerade der wiegende Rhythmus eines Wiegenliedes lässt Ruhe und Frieden einkehren. Oft nehme ich die Hand des Partners in die meine und lasse sie sanft im Takt mit schwingen - das können winzig kleine Bewegungen sein, die doch viel transportieren: Sicherheit durch die wiederkehrende Bewegung, Nähe durch die Berührung, Aufgehobensein in Melodien, die wie aus ferner Zeit aufsteigen und Erinnerungen wecken. Schließlich wächst am Lebensende das Verlangen, in sichere Obhut genommen zu werden.

6.5.2 Abschiedslied

Jede Begegnung beschließe ich mit demselben Abschiedslied als hörbares Zeichen für das Ende einer Stunde.

Eine fast 100-jährige Dame, die ich während eines halben Jahres musikalisch begleiten durfte, hatte einen Schlaganfall erlitten, als ich sie zum letzten Mal besuchte. Ich sah, dass sie nicht mehr lange leben würde und sang und spielte ihr die Lieder, die sie besonders gemocht hatte. Sie war nicht mehr in der Lage, sich irgendwie zu äußern, aber als ich ihr das Lied „So nimm denn meine Hände" zum Abschied sang, öffnete sie ihre Augen, lächelte und winkte mir im Takt des Liedes. Dieser Abschied berührte mich sehr und zeigte mir, dass sie mich wahrgenommen hatte und durch das Taktieren mit ihrer Hand aktiven Anteil am gesungenen Lied nahm. Nachdem sie am nächsten Tag verstorben war, hatte ich das Glück, bei der Aussegnung dabei sein zu können, bei der ich ihr „unser" Abschiedslied noch einmal zum letzten Abschied singen konnte. So hatte diese Begleitung auch für mich einen friedvollen Abschluss gefunden.

In diesem halben gemeinsamen Jahr haben wir sehr wenig miteinander gesprochen - aber dennoch einen regen Austausch gepflegt. Oft waren es kleine Gesten, die mich zu einer Melodie, einem Lied inspirierten, auf die sie dann wiederum auf die ihr noch mögliche Art reagierte, mit den Augen, leichten Lippen- oder Handbewegungen oder auch nur im Mit-atmen. Zuweilen schlief sie während der Stunde ein, an anderen Tagen war sie sehr wach und sagte schon mal beseligt: „Schön". Einmal sagte sie - das war der längste Satz, den ich von ihr gehört habe: „Sie singen wunderschön. Das ist die reine Wahrheit".

Selten habe ich mit Menschen, mit denen ich oft ausgiebig diskutiere, so innigen Kontakt, wie mit den Menschen, mit denen ich Musik mache und die ich oft nur kurze Zeit begleite. Und mit denen ich fast gar nicht spreche.

6.6 Gemeinsames Musizieren führt aus der Isolation

Tom Kitwood (1997, Dementia reconsidered, S. 81-84) formulierte die psychologischen Bedürfnisse Demenzkranker:

- Trost
- Kontakt
- Einbeziehung
- Beschäftigung
- Identität

An diesen Forderungen messe ich stets mein Handeln und kontrol-liere es.

Trost spendet die Kommunikation über Musik, weil sie die Möglich-keit einer nonverbalen Kommunikation eröffnet. Die eigene Identität kann gestärkt oder wieder entdeckt werden und der

Kontakt zum Partner hergestellt werden. Dieser Kontakt scheint un-möglich zu werden, wenn ein Mensch sich dem anderen nicht mehr mitteilen kann. Hier übernimmt die Musik eine Transmitterfunktion, indem sie Gefühle und Emotionen transportiert und verstehbar macht. Durch den Klang eines Tones sind beide Partner in der Jetztzeit verbun-den, ganz direkt und ohne Hindernisse. C. M. Tomasio stellte 1993 in

„Music and the limbic system" fest, dass die Verbindung vom Hörnerv zu den wichtigsten limbischen Strukturen im Gehirn verantwortlich ist für emotionsgeladene Reaktionen auf bekannte Musik. Dies bestätigt meine Beobachtung von dem intensiven und innigen Kontakt, der durch musikalisches Tun entsteht.

Einbeziehung kann durch das Gefühl von Verbundenheit über Musik mit dem Partner, aber auch mit der größeren Gemeinschaft einer Ethnie oder Glaubensgemeinschaft entstehen. Dieses tief verankerte Bewusstsein von Zugehörigkeit und Aufgehobenheit ist in einer Situation der Vereinsamung und Schmerz tröstend und stärkend. Ich kenne keine andere Intervention, die so unmittelbar den innersten Kern des Menschseins erreicht.

Beschäftigung ist ein wichtiger Teil im Umgang mit sehr alten Menschen. Gerade die Langeweile befördert viele Verhaltensauffälligkeiten wie Unruhe, nesteln, klopfen oder unaufhörliches Wischen. Durch Musik werden diese Tätigkeiten kanalisiert und können verschwinden. Beschäftigen aber auch durch das Hinlenken der Aufmerksamkeit auf neue und andere Bereiche.

Identität kann wieder erlebt werden, wenn Verknüpfungen aus der biografischen Vergangenheit in die Gegenwart hergestellt werden. Dann kann das verloren geglaubte Bewusstsein für die eigene Person, die eigene Geschichte neu und auf einer anderen Ebene erfahren werden.

Mir liegt es am Herzen, diese meine Erfahrungen den Menschen, Pflegenden und Angehörigen zu vermitteln, um zu zeigen, dass es Wege gibt, zueinander zu finden über eine den Verstand zerstörende Krankheit hinweg. Auf diesen Wegen gibt es viel zu entdecken, durchaus auch für den Begleitenden - neue und beglückende Erfahrungen, die das eigene Leben verändern können.

Musik als „Belebende Kunst", wie Kant sie nannte, ist einzigartig in ihrer Fähigkeit, mit dem Geist, der das lebendige Wesen der Persönlichkeit formt, in Kontakt zu treten und ihn zu beleben (David Aldridge, Musiktherapie in der Behandlung von Demenz 2000, daraus Fraser Simpson „Kreative Musiktherapie: Ein letzter Ausweg?", S.136).

7 Der Kinnor in der Sterbebegleitung

7.1 Musik ist Begegnung mit dem Transzendenten

Musik - Machen ist per se eine Auseinandersetzung mit der Transzendenz, so bietet sich das Musizieren in der Sterbebegleitung geradezu an. Rabbi Nachmann von Breslau sagt: „Musik und Gesang sind der direkteste Weg, um uns von dieser stofflichen Welt her mit Gott zu verbinden". Mit der Musik betreten wir eine Welt, zu der wir normalerweise keinen Zugang haben, die Welt des Unsagbaren und des Unbeschreiblichen. Der Sterbende macht sich auf in diese Welt und das Ungewisse macht Angst, der kommende Weg liegt im Dunkel. Jeder Mensch muss früher oder später allein diesen schweren Weg gehen, aber es kann Wegbegleiter geben, die Mut machen. Sie lassen den Sterbenden spüren, dass Menschen mit Mitgefühl und Empathie bei ihm sind.

7.2 Zarte und verschwebende Klänge schaffen eine vertrauensvolle Atmosphäre

Die behutsamen und milden Klangfarben des Kinnors machen das Instrument zu einem in der Sterbebegleitung wertvollen Hilfs- und Unterstützungsmittel. Verschwebende Klänge können das Unsagbare des sich vollziehenden Geschehens andeuten, Sphärenklängen gleich kann der Kinnor über die irdische Welt hinaus auf eine jenseitige Wirklichkeit deuten. Das Spielen am Sterbebett bettet die Seele in sanfte, sie nicht auf der Erde festhaltende Klänge und hilft so, das Abschiednehmen zu unterstützen. Angehörigen spendet es Trost, sich in ihrem Abschiedsschmerz in Klängen aufgehoben zu wissen. Wenn alles gesagt worden ist, wenn der Tod erwartet wird, kann die Zeit für Angehörige quälend lang werden. Dann dürfen wir auf den Trost der Musik vertrauen und die Zeit in ihr aufgehoben wissen.

7.3 Klänge umhüllen und verbinden

Ebenso wie die Angehörigen ist auch der Sterbende von diesen Klängen umfangen, denn die Fähigkeit, Musik zu vernehmen, bleibt bis zum Schluss erhalten - auch in Demenz und Koma. Es ist gut, wenn die letzten Klänge, die ein Sterbender auf dieser Erde vernimmt, von hoher Qualität und Klangschönheit sind und von Menschen gespielt werden, die mit Leib und Seele (der Leib spielt das Instrument, die Seele ist bei der Musik und über die Musik bei dem Sterbenden) beteiligt sind. Es kann tröstlich sein, zu wissen, dass alle am Sterbebett versammelten im Hören der Musik ein letztes Mal verbunden sind.

7.5 Die Fähigkeit zu hören bleibt bis zum Tod erhalten

Der Hörsinn ist der erste Sinn, der sich im Mutterleib entwickelt. Vom Beginn des Lebens an begleiten uns Klänge, Geräusche, Musik und Stimmen und lassen uns lauschend am Leben teilnehmen. Wenn das Leben schwindet, ziehen sich nach und nach alle Sinnesorgane zurück – der Hörsinn bleibt bis zum Schluss erhalten. Er ist der letzte „Kanal", der mit dem Leben verbindet, der sich schließt.

Abb. 6: Rosen wachsen an einer Hauswand empor

8 Der Kinnor – die Spielmöglichkeiten

8.1 Es sind keine musikalischen Kenntnisse nötig

Im Folgenden möchte ich zeigen, dass der Kinnor ein durchaus facetten-reiches Instrument ist, das auch ein vollwertiges Begleitinstrument sein kann, zu dessen Erlernen keine besonderen musikalischen Vorkenntnisse erforderlich sind. Besonders dem musikalischen Laien soll es durch die-se einfachen Erläuterungen leicht gemacht werden, dieses Instrument richtig zu spielen.

Derjenige, der bereits ein Instrument spielen kann, mag diese niedrig-schwellige Einführung ein wenig albern finden, ich habe im Laufe mei-ner langjährigen Erfahrung damit jedoch nur gute Erfahrungen gemacht und konnte immer wieder erleben, wie glücklich Menschen waren, die sich ohne großen Aufwand an dem Kinnor orientieren konnten und mit ein wenig Übung praxistauglich begleiten konnten.

Die folgenden Ausführungen gelten nicht für die Arbeit mit demen-ten Menschen, sondern für deren Pflege- oder Begleitpersonen, die mit dem Instrument experimentieren möchten und über *keine musikalische Vorbildung* verfügen.

Das Bild zeigt wesentliche Elemente des Kinnors: zunächst fällt auf, dass die Saiten verschiedenfarbig sind.

8.1.1 Rote Saiten: C- Dur Akkord

Die roten Saiten markieren den C-Dur-Akkord. So kann ohne musik-theoretisches Grundwissen vielstimmig musiziert werden, wenn nämlich alle TN die roten Saiten zupfen, entsteht ein angenehmer Klangteppich.

Abb. 7: Der Kinnor mit Rosenakkord

Ich habe etliche Lieder gemacht, die auf dem C – Dur Dreiklang beruhen und die daher mit allen roten Saiten begleitet werden können. Das klingt immer „richtig" und motiviert. Zum Vertrautwerden mit dem Instrument dient eine kleine Geschichte:

   Der Kinnor steht mit seiner breiten Seite auf einem braunen oder grünen Tuch, das ist der Grund , auf dem   ein Haus mit schrägen Wänden, geradem Dach und einer glatten Rückseite steht.   An der Vorderseite des Hauses sind Drähte angebracht, so ähnlich wie Rankhilfen für Pflanzen an einer Hausfront. Diese Rankhilfen sind verschiedenfarbig: rot und silbern. An den roten Drähten ranken sich Rosen in die Höhe, an den silbernen Drähten wächst Efeu empor. Wie klingt es, wenn die Rosen in die Höhe wachsen?

8.1.2 Untere drei silberne Saiten: G-7-Akkord

Wie klingt es, wenn der Efeu wächst? Jeder kann Rosen oder Efeu wachsen lassen und (fast) jeder kann auch die Klänge unterscheiden.

   Wir können auch die drei unteren Rosen- Saiten zusammen anzupfen, mit Daumen, Zeigefinger und Ringfinger, dann hören wir einen Rosen-Akkord (C-Dur Akkord). Wenn wir die unteren drei silbernen Saiten gemeinsam erklingen lassen, hören wir den Efeu- Akkord (G 7 – Akkord). So verfügen wir mit dem Rosen- und dem Efeu- Akkord bereits über zwei Dreiklänge, (Dreiklang, weil drei Töne erklingen), mit dem wir einige Lieder begleiten können.

8.1.3. Saiten zusammen oder nacheinander anzupfen

Diese drei unteren Rosen- oder Efeu- Saiten können wir gemeinsam anzupfen, so dass es einen Rosen- oder Efeu-Akkord ergibt, wir können die Saiten allerdings auch nacheinander anzupfen, entweder von unten nach oben oder umgekehrt. Nun erklingt ein „gebrochener Akkord", wie das in der Musiksprache heißt. Eine weitere Musiziermöglichkeit ist, zuerst den unteren Ton des Akkordes zu spielen, danach die zwei oberen Saiten zusammen zweimal anzuzupfen. So entsteht ein Dreier- oder Walzertakt: Ramm-damm- damm, ramm-damm- damm.

Mit diesen beiden Akkorden lassen sich bereits einfache Lieder begleiten, z.B.

- Himmel und Erde müssen vergeh´n
- Heut´ kommt der Hans zu mir, freut sich die Lies
- C-A-F-F-E-E trink nicht so viel Kaffee
- Ich fahr, ich fahr´, ich fahr´mit der Post

Abb. 8: Der Efeu - Akkord

8.1.4 Unten Rosen-Saite, oben zwei Efeu-Saiten=F-Dur

Als dritter Akkord kommt der Rose-Efeu-Akkord dazu - das heißt, der untere Ton gehört zum Rosen- Akkord (rot); die beiden oberen Töne gehören zum Efeu- Akkord (silbern). Das ist ein F- Dur Akkord.

Mit dem Rosen-, dem Efeu - und dem Rose - Efeu Akkord verfügen wir über drei Akkorde, mit denen wir viele Lieder begleiten können, weil die meisten gängigen Lieder auf diesen drei Harmonien beruhen.

Wenn Sie Lust zum Experimentieren haben, singen Sie einfach ein Lied und versuchen dazu, die passenden Akkorde zu finden. Die meisten Lieder beginnen mit dem Rosen- Akkord und enden auch mit diesem. Kurz vor Ende des Liedes passt fast immer der Efeu- Akkord. Für die weniger Entdeckerfreudigen unter Ihnen habe ich einige bekannte Lieder mit den entsprechenden Symbolen versehen, so dass es ohne Mühe gelingt, die Saiten zu zupfen und dazu zu singen. Haben Sie erst einmal die Akkorde „in der Hand", wird es viel Freude bereiten, nun die unterschiedlichsten Lieder auszuprobieren- und wenn dann mal keiner der Akkorde passen will, lassen Sie die Begleitung an dieser Stelle einfach weg.

Auf diese Weise ist der Kinnor ein vollwertiges Begleitinstrument, besonders, wenn nicht alle Saiten eines Akkordes zugleich gezupft werden, sondern nacheinander.

Das heißt: zuerst wird der unterste Ton des Dreiklanges gespielt, dann der mittlere und schließlich der oberste Ton.

8.1.5 Vier- Viertel und Drei- Viertel Takt

Handelt es sich bei dem Lied um eines im Dreivierteltakt wie z. B. „Es klappert die Mühle am rauschenden Bach", dann kommt auf jeden Ton der Melodie ein Ton des „gebrochenen" (so nennt man in der Musiksprache nacheinander gespielte Akkordtöne) Akkordes. Hat das Lied vier Töne in einem Takt (ein Takt ist das, was zwischen zwei Taktstrichen I♩♫♫♩I steht), so spielen wir noch einmal den mittleren Akkordton, damit wir auf vier Töne in einem Takt kommen. Ein Lied im Vier-Viertel - Takt ist „Bruder Jakob, Bruder Jakob, schläfst du noch".

8.1.6 Begleitmöglichkeiten im Vierer und im Dreier- Takt

Eine weitere Möglichkeit, ein Lied zu begleiten ist die, zuerst den Grund-

---

ton des Akkordes, also den tiefsten, zu spielen und dann die beiden oberen Akkordtöne entweder zweimal (im Drei-Viertel- Takt) oder dreimal im (Vier-Viertel- Takt) zu zupfen. So haben wir mit den drei Akkorden und den drei Spielarten der Akkorde bereits etliche Möglichkeiten, ein Lied abwechslungsreich zu begleiten. Hierzu ist kein besonderer Unterricht nötig - ein wenig Zeit, um die Griffe geläufig zu finden, genügt. Mit wachsender Geschicklichkeit wächst auch die Freude am Spiel und die Lust, weitere Variationen zu probieren

Abb. 9: Rose-Efeu-Akkord (F-Dur)

8.1.7. Melodien spielen mit unter die Saiten gelegtem Blatt

Frau Inge Schwarz aus 67677 Enkenbach/Alsenborn, Schützenkanzel 10, Tel. 06303 – 6112 hat eine besonders einfache Form entwickelt, Melodien auf dem Kinnor zu spielen ohne über Vorkenntnisse zu verfügen. Sie malte auf ein Blatt, das unter die Kinnor – Saiten geschoben wird, Punkte, die den Melodieverlauf eines Liedes wiedergeben. So kann entlang dieses „Weges" über die Saiten das Lied erklingen.

8.1.8 Die Töne des Kinnors

Dieses Bild zeigt, welche Töne auf dem Kinnor zu hören sind.

Der Kinnor

9 Stundenentwürfe für die Arbeit mit dem Kinnor

Alle Stunden laufen ähnlich ab, das ermöglicht Vertrautheit und Sicherheit. Mit der Zeit werden die einzelnen Teile der Stunde erinnert, wenn vielleicht auch unbewusst. Auch das Begrüßungs- und das Abschiedslied können nach kurzer Zeit mitgesungen werden.

9.1. Stundenverlauf

1. **Einführung** in das Thema durch Erraten eines Gegenstandes aus der Natur, der Umwelt oder dem Haushalt
2. **Begrüßungslied**
3. **Sprechstück oder Sprichwort** mit Kinnorbegleitung oder Unter-

stützung durch andere Materialien

4. **Lied:** Volks oder Kinderlied, eventuell Schlager zum Stundenthema passend
5. **Gedicht**
6. **Musikhören**
7. **wdh.** des Liedes oder Gedichtes
8. **Abschlusslied**
9. **Zusammenfassung** und Rückschau auf die Stunde beim Einpacken der Materialien
10. **Verabschiedung**

9.1.1 Jahreszeiten

9.1.1.1 Frühling

1. Einführung: Blumenzwiebeln (z. B. von Iris oder Krokus) „Wie fühlt sich das an? Ist es leicht oder schwer, hart oder weich, warm oder kalt, glatt oder rau?"
2. Begrüßungslied: Ich grüße dich, du grüßt mich, wir reichen uns die Hände
3. Gedicht:

    Dunkel war alles und Nacht / in der Erde tief die Zwiebel schlief, die braune.

    Was ist das für ein Gemunkel, / was ist das für ein Geraune / dachte die Zwiebel plötzlich erwacht
    Was singen die Vögel da droben / und jauchzen und toben?
    Von Neugier gepackt / hat die Zwiebel einen langen Hals gmacht und um sich geblickt / mit einem hübschen Tulpengesicht.
    Da hat ihr der Frühling entgegengelacht.
    Guggenmoos

4. Lied: Melodie „Winter ade"
    Schneeglöckchen kling / Frühling uns bring. /
    Bring uns den Sonnenschein, / wacht auf ihr Blümelein./
    Schneeglöckchen kling/ Frühling uns bring.

5. Sprechen:
    Rosen, Tulpen, Nelken / alle Blumen welken.
    Nur die eine welket nicht / und die heißt Vergissmeinnicht

6.	Lied:
Kommt der Frühling Schritt für Schritt / bringt er bunte Blumen mit./ Tralala, tralala, / bringt er bunte Blumen mit

7.	Gedicht: Er ist's
Frühling lässt sein blaues Band wieder flattern durch die Lüfte;
süße wohlbekannte Düfte streifen ahnungsvoll das Land.
Veilchen träumen schon wollen balde kommen.
Horch, von fern ein leiser Harfenton
Frühling, ja du bist's! Dich hab ich vernommen.
E. Mörike

8.	Musikhören: Frühlingsstimmenwalzer Johann Strauß, Sohn op. 410

9.	Abschlusslied:
Reich mir die Hand, halt meine Hand, unsere Hände schließen den Kreis
Ade, ich sage tschüss, lebet wohl, auf Wiedersehn :II

Anmerkungen

Wenn die Blumenzwiebeln in einem Stoffsäckchen sind, kann dies zuerst geschüttelt werden, dann wird reihum gefühlt, wie es sich von außen anfühlt, es knistert ein wenig beim Anfassen, innen fühlt es sich wieder anders an und, wenn die Blumenzwiebel schließlich auf der Hand liegt, gibt es sogar etwas zum Riechen. Die richtige Benennung ist nicht so wichtig, vielmehr ist die Beschreibung bedeutungsvoll, das kann lange dauern und ich wiederhole immer wieder das bereits Gesagte und sammle geduldig Bemerkungen dazu, wobei ich bei unzutreffenden Benennungen bestätige: „Ja, das könnte es sein, es kann aber auch noch etwas anderes sein". Langsam wird der Begriff eingekreist, bis er dann gefunden ist. Viel wichtiger ist mir jedoch der Prozess des Herantastens, Umschreibens und langsamen Erkennens. Ich streiche mit der Blumenzwiebel über die Hand eines TNs „Wie fühlt sich das jetzt an, oder so auf dem Handrücken?" Auch wenn nur „Schön" als Antwort kommt, ist das doch schon allerhand. Je nach Tagesform kann sich ein reges Gespräch anschließen. Manche TN werden sich an's Zwiebel-Stecken in ihrem eigenen Garten erinnern. „Können sie die Zwiebel auf ihrer Hand balancieren, oder vielleicht auf dem Handrücken? Können sie die von einer Hand in die andere nehmen? Vielleicht auch ein wenig schneller?"

Das Begrüßungslied kann heute auch abgewandelt heißen „ ...wir haben eine Zwiebel".

Auf dem Kinnor hat die Zwiebel einen ganz eigenen Klang, ganz anders, als wenn ein Finger über die Saiten streicht.

Das Gedicht von Guggenmoos eignet sich vortrefflich zur Verklanglichung auf dem Kinnor: Auf den unteren Saiten grummelt es zunächst ein wenig, dann wächst die Tulpe empor. Vögel können wir zwitschern lassen, auch der lange Hals der Tulpe wird mit einem schnellen Glissando gut hörbar. Und wenn der Frühling uns entgegenlacht, lachen wir zurück.

Mit tulpenfarbenen Nylontüchern, die wir aus den Händen „erblühen" lassen, sehen wir, wie sich eine Tulpenblüte entfaltet.

Der Poesiealbumspruch „Rosen, Tulpen, Nelken..." ist sicher noch vielen TN bekannt, oder wird langsam wieder erinnert. Je nach Leistungsfähigkeit der TN können Rosen Glöckchen sein, Tulpen eine Klangschale, Nelken eine Cymbel und Vergissmeinnicht eine Triangel. Wenn die TN Sprechen und ein Instrument spielen können, ist das eine komplexe Leistung, die durchaus nicht immer gelingt.

Beim Lied kann der Kinnor bei „Schritt für Schritt" gespielt werden, indem die Finger von Saite zu Saite wandern. Bei „bunte Blumen" können die Instrumente des Spruches mitspielen. Den Refrain begleiten Instrumente und Kinnor.

Beim Gedicht achte ich sehr auf die Aussprache: „blaues Band" jeweils mit einem explodierenden „b" Düfte und Lüfte werden mit einem schönen „ü", bei dem die Lippen geschürzt werden, gesprochen. „Ahnungsvoll"- ein wunderbar geheimnisvolles Wort, ebenso „träumen"... Diese kleinen Nuancen können auch von TN wahrgenommen werden, die kognitiv nicht mehr gut erreichbar sind. Der Wohlklang eines Wortes –es soll natürlich überzeugend vorgesprochen werden– hat eine Melodie, ebenso ein Reim, ein Gedicht. Hier ist die eigene Freude am Sprechen wichtig, auch der Leiter soll die Wörter für sich vorher entdeckt haben.

Besonders dieses Gedicht kann mit dem Kinnor gut unterstützt werden- ob es das Band ist, das über die Saiten des Kinnors flattert (blaue Kreppbänder) oder der Harfenton, der leise erklingt. Der Phantasie sind keine Grenzen gesetzt. Je nach Erfordernis können auch Teile des Gedichtes immer wieder gesprochen werden.

Das Musikstück vereint gleichsam alles vorher Erlebte. Hier können die Bänder flattern, die erblühten Tulpen mittanzen, vielleicht auch Glöckchen, Cymbel oder Triangel am Tanz teilnehmen.

In dieser Stunde ist es wichtig, wahrzunehmen, was ev. weggelassen werden muss, was öfter wiederholt werden kann. Bestimmte Anforderungen wie z. B. gute Aussprache können durchaus gestellt werden und wenn die TN so explosiv artikulieren sollten, dass ihnen das Gebiß rausfliegt, gibt es auch etwas zu Lachen.

Dies alles können nur Anregungen sei, die vielleicht in Ihrer Gruppe gar nicht umgesetzt werden können, so dass Sie sich ganz andere Spielmöglichkeiten einfallen lassen müssen.

9.1.1.2 Sommer

Einführung: verschiedene Sommerblumen, Rosenöl (von Weleda) zum Schnuppern

Begrüßungslied: „Ich grüße dich / du grüßt mich/ wir riechen an den Blumen"

Spruch:
> Blumen ohne Zahl / Blumen ohne Zahl / blüh´n nun überall
> Und im Bach die Wellen spielen / mit dem Sonnenstrahl
> > *Kodaly Chorschule 1*

Lied:
> Trarira, der Sommer, der ist da. /
> 1. Wir gehen in den Garten/ und woll´n des Sommers warten./
> Trarira, der Sommer, der ist da.
> 2... Wir wollen hinter die Hecken / und wolln den Sommer wecken...

Der Refrain kann auf den beiden unteren roten Saiten des Kinnor begleitet werden

Gedicht: Die Nachtigall
> Das macht, es hat die Nachtigall / die ganze Nacht gesungen, da

---

sind von ihrem Widerhall / die Rosen aufgesprungen.
Theodor Storm (1817-1888)

Lied: wiederholen oder ein anderes Sommerlied singen (z. B. Geh aus, mein Herz und suche Freud)

Sprichwort: Brennt die Sonne auf den Rücken / kommt die Zeit zum Erdbeerpflücken

Gibt's im Juli Reg'n und Sonne / bringt's dem Bauern Freud und Wonne

Musikhören: Blumenwalzer aus Peter Tschaikowsky Nussknackersuite op 71a

Abschusslied: Reich'mir die Hand/ halt meine Hand./ Unsere Hände schließen den Kreis./ Adé, ich sage tschüss,/ lebe wohl, auf Wederseh'n. :||

Zusammenfassung beim Einpacken der Materialien

Anmerkungen

Rosenöl – in sehr kleiner Tropfen auf der Hand verrieben – duftet zart, aber dennoch gut wahrnehmbar; es wird meistens erkannt. Wenn dazu auch noch Sommerblumen in die Hand gegeben werden, sind wir schnell mitten im Thema der Stunde. Auch die Stimmung wird durch den Duft und den Anblick der Blumen positiv beeinflusst. Das Begrüßungslied „...wir riechen an den Blumen" verstärkt die Hinwendung zum Thema der Stunde.

„Blumen ohne Zahl" kann auf dem Kinnor gut verklanglicht werden, indem alle Finger auf allen Saiten viele Blumen darstellen. Kleine (leise) und größere (laute) sind zu hören, zusammen ergibt das einen vielstimmigen Blumenchor. „Blumen blühen" ist eine gute Sprechübung, besonders wenn dabei die Blumen vor Augen und der Duft in der Nase ist. Dabei ruhig auf einer deutlichen Artikulation beharren. Es kann auch in einen Sprechgesang verpackt werden, bei dem der Kinnor eine Ostinato- Begleitung spielt. „Und im Bach die Wellen..." kann mit Wellenbewegungen auf dem Kinnor oder mit Kreppbändern hörbar werden. Der Sonnenstrahl mag ein Triangel- Ton sein, so dass wir bereits bei diesem kleinen Spruch eine bunte Sommerblumenwiese vor Augen haben. Vielleicht kann sogar die Stimme ein wenig auf- und ab „wogen".

„Trarira..." wird vielen TN bekannt sein oder mit der Zeit wieder einfallen. Den Refrain kann die „Sommerblumenwiese" begleiten, auch durchaus die Wellen des Baches. Es kommt darauf an, viele TN einzubeziehen um ihnen das Gefühl zu geben, immer wichtig zu sein, immer auch Wertvolles beizutragen. Ohne gerade die eine Blume wäre die Wiese nicht ganz so prächtig!

Das Gedicht von Storm mag Ihnen zu anspruchsvoll erscheinen, aber wenn es gut gesprochen wird, kann es die TN fesseln, zumal bereits Rosenduft geschnuppert und die Sommeratmosphäre ins Zimmer geholt wurde. Ich habe Rosenfotos dabei, die ich den TN zeige und unter die Saiten des Kinnors schiebe, so kann versucht werden, den Anblick der Rose zu Klang werden zu lassen- verstärkt durch das Gedicht. Meistens werden zumindest die Reimwörter nach einer Weile mit gesprochen, oft auch mehr.

Zur Auflockerung kann jetzt das Lied wiederholt werden oder, wenn die Aufmerksamkeit reicht, ein neues Lied gesungen werden.

Die Bauernweisheit hat eine rhythmisierende Funktion und kann durch Klopfen auf den Kinnor unterstützt werden. Oft wiederholen!

Beim Blumenwalzer schließlich können alle vorher eingesetzten Materialien und Instrumente mit tanzen. Natürlich auch die Blumen. Hierbei achte ich darauf, dass beide Hände „mittanzen", abwechselnd und auch gemeinsam. Je nach Situation nehme ich den einen oder anderen „Tanzpartner" an die Hände und wir schwingen gemeinsam im Takt.

Schließlich versuche ich – fast ohne Worte – zu rekapitulieren, was in der Stunde geschah. Vor allem durch Singen und Gestik. Dann erkenne ich, wie viel von den TN erinnert wird.

9.1.1.3 Herbst

Einführung: Kastanien in einem Säckchen schütteln, anfassen, herausnehmen.

Begrüßungslied: Ich grüße dich, du grüßt mich, wir reichen uns die Hände

Gedicht: Herbst

Die Blätter fallen, fallen wie von weit/ als welkten in den Himmeln ferne Gärten/

  Sie fallen mit verneinender Gebärde./ Und in den Nächten fällt die schwere Erde/

  Aus allen Sternen in die Einsamkeit./ Wir alle fallen. Diese Hand da fällt./

  Und sieh dir andre an: Es ist in allen / und doch ist einer, welcher dieses Fallen/

  Unendlich sanft in seinen Händen hält.

  Rainer Maria Rilke

Kinnor: Blätter auf dem Kinnor nach unten fallen lassen. Die Kastanie „fällt" vom Baum auf den Boden. Dazu das Gedicht:

  Was ist denn das?/ Hoch am Baum da hängt es./ Herbstwind, der bedrängt es.

  Plumps, fällt es in´s grüne Gras./ Sage mit, was ist denn das?

  (Altes Kinderlied)

Lied: Bunt sind schon die Wälder,/gelb die Stoppelfelder,/ und der Herbst beginnt.

Rote Blätter fallen,/ graue Nebel wallen, / kühler weht der Wind.

Der Herbst, der Herbst, der Herbst ist da/ er bringt uns Wind/ hei hussassa

Heia hussassa,/ der Herbst ist da.

...

er bringt uns Wein,/ hei hussassa./ Nüsse auf den Teller/ Birnen in den Keller.

...

Musikhören: Antonio Vivaldi „Die vier Jahreszeiten" Violinkonzert F- Dur op. 8 Nr. 3 „Herbst" Allegro

Spruch: Fällt das Laub zu bald / wird der Herbst nicht alt.

Lieder: wiederholen

Abschlusslied: Reich mir die Hand,/ halt meine Hand./ Unsere Hände schließen die Kreis./ Adé, ich sage tschüss, lebe wohl, auf wiederseh´n :ll

Zusammenfassung beim Einpacken der Materialien

Anmerkungen

Kastanien sind etwas Wunderbares. Sie können gehört werden, indem das Säckchen, in dem sie sich befinden, geschüttelt wird. Sie können in dem Säckchen von außen befühlt werden und sie können schließlich in die Hand genommen werden. Dabei wird vieles entdeckt: die Kastanie ist glatt oder ein wenig runzelig, leicht und an einer Seite vielleicht eingedellt, die hat eine heller Stelle usw. Die kann sanft über die Handinnenfläche, die Finger gleiten, über die Handaußenfläche (fühlt es sich außen anders an als innen? Die rechte Hand anders als die linke?). Dieses sachte Streichen über Hand und Finger kann die oft verkrampften und verkürzten Sehnen entspannen und damit die Finger beweglicher machen. Es weckt die Sensibilität der Hände und Finger und ist damit eine gute Vorbereitung auf das Instrumentalspiel. Ein Streichen über Arme und Schultern mit einer Kastanie ist wohltuend und lösend, schafft durch die Kastanie eine Distanz zwischen TN und Therapeuten, die manche TN als wohltuend empfinden. Eine interessante Frage ist auch, wo am Körper die Kastanie getragen werden kann (Handrücken, Handinnenfläche, Kopf, Schulter, zwischen Nase und Oberlippe...)- durch diese kleine Übung kann ein Körpergefühl erweckt werden, das oft schlummert oder sehr reduziert ist. Gespräche können beginnen über Kastanien, alte Menschen erinnern sich daran, wie sie als Kinder Kastanien für den Förster gesammelt haben, für die eigenen Kinder mit Kastanien gebastelt haben usw. Wenn wir uns bei dem Begrüßungslied die Hände reichen, sind diese schon viel „lebendiger" und wacher. Das Rilke- Gedicht ist sicher nicht für jede Gruppe geeignet, dafür vielleicht das Kastaniengedicht. Beide lassen sich mit dem Kinnor hervorragend begleiten. Bei beiden fällt etwas zu Boden und es ist ein großer Unterschied, ob es ein Blatt ist oder ein Kastanie. Die Kastanie kann auf dem Kinnor durchaus herunterkullern: ein Baumwollfaden wird durch die Kastanie gezogen, fest geknotet, und kann so auf den Saiten hinunterrollen. Das hört sich anders an, als wenn ein Finger ein Glissando (ein Hinuntergleiten) spielt. Der „Plumps" in das grüne Gras kann auf der tiefsten Saite laut vernommen werden.

Bei dem Rilke- Gedicht sollte dem Wort „fallen" nachgelauscht werden: beim „falllllllen" (mit immer wieder an die rückwärtigen oberen Schneidezähne anschlagender Zungenspitze) werden die Sprechwerkzeuge aktiviert und die Aufmerksamkeit wird auf den lautmalerischen Aspekt des Wortes gelenkt. Wenn dann noch die Finger wie sacht fallende Blätter über den Kinnor gleiten, ist eine komplexe Anregung erreicht. Schließlich der ungemein tröstliche Schluß des Gedichtes: „Unendlich sanft in seinen Händen hält..."

„Bunt sind schon die Wälder" als besinnlich-wehmütiges Lied kann mit bunten Nylontüchern, die hochgeworfen werden, illustriert werden. „Graue Nebel wallen" wieder eine Anregung, den Wörtern nachzulauschen: „wallen" mit einem sehr klangvollen „w" als Anlaut kann das Wallen der Nebel hörbar machen, auch „Nebel" kann sehr nebelig klingen, wenn es schön gesprochen wird. Durch zartes Streichen über die Saiten erklingt der Nebel.

Eine heitere Seite des Herbstes wird in dem Lied „Der Herbst ist da" gezeigt. Das „Heia hussassa" wird mit deutlichem, stimmlosem „s" sehr vital gesprochen und regt so Atmung und Zwerchfellfunktion an.

Beim Musikbeispiel können die Tücher geschwungen werden, vielleicht rasseln Rasseln bei den lauteren Stellen, die durchaus an Herbstürme erinnern. Wird das Adagio auch gespielt, befinden wir uns in der besinnlich- wehmütigen Stimmung, die an das Rilke- Gedicht erinnert, vielleicht auch an die Nebel.

Das Sprichwort ist ein gute Sprechübung und leicht zu behalten, es kann mit Kinnor oder Schlaginstrumenten rhythmisiert werden.

Zum Schluss können alle Lieder und Gedichte/Sprüche wiederholt werden, besonders sollen die Kastanien als Symbol für den Stundeninhalt erneut eine Rolle spielen.

9.1.1.4 Winter

Einführung: Schälchen mit Schnee oder Eiswürfeln

Begrüßungslied: Ich grüße dich, du grüßt mich, wir haben kalte Hände.

Gedicht: Das Büblein auf dem Eis

Gefroren hat es heuer/ noch gar kein festes Eis.
Das Büblein steht am Weiher / und spricht zu sich ganz leis:
Ich will es einmal wagen/ das Eis, es muß doch tragen"
Das Büblein stampft und hacket/ mit seinem Stiefelein.
Das Eis auf einmal knacket/ und plumps, schon bricht es ein.
Wär nicht eine Mann gekommen/ hätt sich ein Herz genom
men,/ wer weiß –
Das Büblein hat getropfet/ der Vater hat´s geklopfet / zu Haus.

Lied:
1. Risch, rasch, reis, / wir gleiten über's Eis
Die Gräben sind gefroren/ die Mützen über die Ohren.
2. Die Handschuh an der Hand/ so gleiten wir durch's Land
 Risch, rasch, reis,/ wir fahren über's Eis

1. Schneeflöckchen, Weißröckchen/ wann kommst du geschneit
Du wohnst in der Wolke / dein Weg ist so weit.
2. Komm, setz' dich an's Fenster,/ du lieblicher Stern
 Malst Blumen und Blätter,/ wir haben dich gern.

Musikhören: Johann Strauß, Sohn „Frühlingsstimmenwalzer" op 410

Sprechen: Bauernregeln: Ist der See gefroren / frieren uns die Ohren
Januar muss krachen / soll der Frühling lachen
Für Februar: Wenn's im Februar nicht schneit,/ schneit es in der Osterzeit
Wenn der Nordwind im Februar nicht will,/ dann kommt er sicher im April

Lieder: wiederholen

Abschlusslied: Reich mir die Hand,/ halt meine Hand,/ Unsere Hände schließen den Kreis./ Adé, ich sage tschüss, lebe wohl, auf wiederseh'n :‖

Zusammenfassung beim Einpacken der Materialien

Anmerkungen

Vor dem Anfassen des Eises oder Schnees sollte gesagt werden, dass es jetzt kalt wird. Mit einem Papiertaschentuch werden die Finger der TN dann trocken gewischt. Der Kältereiz ist sehr stark und löst auch starke Reaktionen aus - zustimmende und auch ablehnende. Sicher kommen einige Assoziationen zum Thema „Schnee" oder „Eis" und es können Begriffe, die mit „Eis" zu tun haben, gefunden werden (Eisbeutel, Eisberg, Eisblume, Eisfläche, Eisregen, Eisglätte, Eiskristall, Eisbecher, Eisdiele, Eisschrank, Eisbär...). „Eisschrank" war früher wirklich eine Kiste (oder ein Schrank), in den Eisbrocken gelegt wurden, die im Winter aus dem Eis gebrochen waren und in einem „Eiskeller" aufbewahrt wurden. Viele alte Menschen wissen das noch. In den großen Städten fuhren im Sommer „Eiswagen" durch die Straßen, bei denen Eis gekauft werden konnte.

Wenn wir beim Begrüßungslied die kalten Hände anfassen, kommt oft „Wie eiskalt ist dies Händchen".

„Das Büblein auf dem Eis" wird oft erinnert. Es sollte oft gesprochen werden, dann kann es durchaus neu erlernt werden. Der Kinnor dient der klanglichen Untermalung des Gedichtes. Bei „es spricht zu sich ganz leis" kann das Raunen durch sanftes Streichen über den Kinnor gespielt werden, bei „Stampft und hacket" wird auf das Instrument geklopft, ebenso bei „der Vater hat´s geklopfet". „Plumps, schon bricht es ein" ist ein energisches Glissando auf den Saiten. Wichtig ist eine sehr ausdrucksvolle und deutliche Artikulation mit fast übertriebenen Lautstärkeunterschieden. Die Ausdrucksfähigkeit der oft selten geübten Stimmen der TN soll dadurch angeregt werden, dazu ist ein altes und bekanntes Gedicht ein gutes Hilfsmittel. Auch der „Plumps" muss als Plumps durch eine deutliche Explosion der Lippen hörbar gemacht werden. „Knacket" und „hacket" sind herrlich lautmalerische Wörter, die sehr „knackig" aus dem Mund herauskommen sollen.

„Risch, rasch reis, / wir gleiten über´s Eis" ist wieder so ein „Sprechtrainer": „sch" soll sozusagen richtig über das Eis zischen. Dabei zischen die Finger über den Kinnor, dass es nur so seine Art hat.

„Schneeflöckchen, Weißröckchen" ist oft noch präsent und ich singe es so oft, bis fast alle mit singen können. Auf dem Kinnor schweben die Schneeflocken sanft und geheimnisvoll zu Boden; das ist durchaus hörbar zu machen.

Über „Risch, rasch, reis" kann ein Bezug zum Musikstück hergestellt werden. Auf dem Eis wird getanzt- und wenn wir auch nicht mit den Füßen mit tanzen können, so doch mit den Händen, die ein Tuch oder ein Kreppband schwingen können, auch Rasseln können im Walzertakt mit machen.

Die Bauernregeln sind manchen noch bekannt, andere sprechen nach einiger Zeit wenigstens die Reimwörter mit. Auch hierbei achte ich darauf, dass möglichst deutlich artikuliert wird. Am besten klappt das, wenn dabei gelacht werden kann, zu Beispiel darüber, dass das Gebiss klappert.

Zum Ende wiederholen wir das Gedicht und singen die Lieder. Ich habe einige anschauliche Fotos von Eiskonfigurationen, die freudig betrachtet werden.

Beim Einpacken der Instrumente singe ich die Lieder- und freue mich, dass der Gesang viel voller klingt als zu Beginn der Stunde.

9.1.2 Besondere Jahrestage oder Zeiten

9.1.2.1 Winterende

Einstimmung:

Erblühte Forsythienzweige erst in einem Säckchen, dann in der Hand (anfassen, beschreiben, wie es sich anfühlt, woran es erinnert – das alles nur optional, je nach den Fähigkeiten der TN)

Begrüßung:

Ich grüße dich/ du grüßt mich/ wir reichen uns die Hände (wahrnehmen: sind die Hände kalt oder warm?)

Material:

Dicke Pinsel.

Damit experimentieren, über die Hände streichen- innen und außen. Wie fühlt sich das an? Woran erinnert das? Über den Kinnor „fegen". Mit „Hei" einmal energisch über die Saiten fahren. (Frühlingsputz/ Winter austreiben) Mit „Hui" sanfter über die Saiten fahren (Frühlingswind)

Lied:

Hei, so treiben wir den Winter aus/ jagen ihn aus unserm Land hinaus./ Wir jagen ihn zu schanden/ hinweg aus unsern Landen./ Hei, so treiben wir den Winter aus. Bei jedem „Hei" über den Kinnor fegen. Vielleicht auch mit Schellen und Rasseln.

Winter, ade, scheiden tut weh./ Aber dein Scheiden macht/ dass mir das Herze lacht./ Winter ade, scheiden tut weh.

Gedicht:

> Schaut ein Knöspchen aus der Erde, / ob es wieder Frühling werde.
> Sonne warm vom Himmel scheint/ Regen auf das Knöspchen weint.
>
> Knöspchen wächst ein ganzes Stück/ Knöspchen wird bald rund und dick.
>
> Seine Blätter öffnet's dann/ fröhlich fängt's zu blühen an
> *(überliefert)*

Mit Handgesten oder mit Kinnor- Begleitung illustrieren

Lied:

Kommt der Frühling Schritt für Schritt/ bringt er auch Forsythien mit Tralala, tralala, bringt er auch Forsythien mit (Wenn Zeit und Konzentration noch da sind)

Musikhören:

Aus Vivaldi, Die vier Jahreszeiten „Frühling" Violinkonzert E- Dur Op 8 Nr.1, 1. Satz

Abschluss:

Wiederholung, Rückschau und persönliche Verabschiedung

Nach Möglichkeit alle Materialien und Instrumente der Stunde auf ein Tuch in der Mitte des Tisches legen, so dass sie gesehen und erinnert werden können.

Anmerkungen

Der Bezug zur Jahreszeit ist durch den Forsythienzweig gegeben. Meistens ist die zeitliche Orientierung verloren, aber oft kommt durch eine typische Jahreszeitenblüte, wie es die Forsythie ist, eine Verknüpfung in Gang, und wenn auch der Name nicht benannt werden kann, so kommt ganz sicher aus irgendeiner Ecke der Begriff „Frühling". Vielleicht liegt gerade noch ein wenig Schnee als letzter Winterrest. Durch diese winzige Anregung sind wir gleich (wobei „gleich" hier nicht „sofort" heißt- es kann schon eine Weile dauern, bis diese Assoziationen gefunden werden) mitten in der für heute intendierten Thematik. Ich warte geduldig auf Reaktionen, gehe vielleicht noch einmal von einem zum anderen, lasse an den Blüten riechen, wiederhole die Rückmeldungen (die meistens mit „schön" beginnen) und lasse mit angehobener Stimmmelodie Raum für weitere Äußerungen. Auf jeden Fall ist die Aufmerksamkeit jetzt bei der Blüte und ein Anstoß für weitere Gedankenverknüpfungen ist gegeben.

Mit dem Begrüßungslied nehme ich jeden TN in die Gruppe auf - und vor allem auch in mein Bewusstsein als ein aktives Gruppenmitglied. Ich fasse dabei jeden einmal an, stelle entweder direkt- oder über mich- den Kontakt untereinander her. Oft sind die TN nicht in der Lage, sich anzufassen, dann bin ich sozusagen das Bindeglied zwischen den Personen.

Die sehr dicken Pinsel gebe ich jedem TN in die Hand, streiche ihm vorher sanft über die Hand, da wird ein Gefühl dafür geweckt, wie unterschiedlich die beiden Teile des Pinsels sind: der harte Griff, den ich in die Hand gebe und die weichen Borsten, die über die Hand streichen. Durch das Spielen auf dem Kinnor wird das auch hörbar gemacht: der Klang des Holzgriffes ist ganz anders als der der Pinselhaare.

Auch hier ist Geduld nötig, unter Umständen wird der Pinsel immer wieder aus der Hand gelegt, das Interesse erlischt immer wieder. Ein Unterschied in der Klangqualität wird hörbar, wenn erst mit dem Pinselstiel, dann mit dem Stiel des Forsythienzweiges der Kinnor gespielt wird. Der Phantasie sind keine Grenzen gesetzt, nur die durch die Aufmerksamkeit der TN. Wenn ich jetzt mit dem Pinsel über die Saiten des Kinnors "fege", hoffe ich, dass einer der TN auf den Begriff „Besen" kommt. Ich versuche eine gestische Darstellung- und dann ist der „Besen" in der Runde. „Frühlingsputz"- auf dem Kinnor darstellen und wieder warten, ob dazu Beiträge kommen. Wir können heftig fegen, wie vielleicht auf der Straße und vorsichtig, wenn etwas Empfindliches auf dem Boden steht. Wenn wir den Winter aus der Wohnung rausfegen wollen, muss das sehr energisch geschehen, unterstützt von einem kräftigen „Hei". Ich beginne zu singen „Hei, so treiben wir den Winter aus", wobei bei dem „Hei" der Besen kräftig über den Kinnor saust.

Ein Alltagsgegenstand wie der Besen ist noch vertraut- oder wird nach einer Weile erinnert, ebenso eine Alltagsbeschäftigung wie das Fegen. Es stellt dann schon eine beachtliche Leistung dar, wenn eine Verknüpfung mit dem Kinnorspiel und vielleicht gar noch mit dem Singen gelingt. Hier findet ein komplexes Geschehen statt, das nicht zu unterschätzen ist- wenn es uns auch banal erscheinen mag.

Die neuere Gehirnforschung hat herausgefunden, dass bereits die Vorstellung von Bewegungen genau die Areale aktviert, die auch bei der realen Bewegung aktiv sind.

Bei ausreichender Aufmerksamkeit singe ich „Winter ade" und vertiefe damit die Thematik „Winterende". Bei „ade" kann ich eine nach oben gehende Bewegung auf dem Kinnor machen, die freudig oder erwartungsfroh wirkt, bei „weh" eine nach unten führende, die das schmerzliche nach Innen- Gerichtet-Sein des Wehtuns verklanglicht.

In dem Gedicht kommt das „Knöspchen" vor, ein durchaus schwierig auszusprechendes Wort, fast ein Zungenbrecher. Es fällt alten Menschen oft schwer, präzise zu artikulieren, weil sie wenig sprechen. Eine Anregung, wieder einmal mit Freude einem Wort nachzulauschen, ist daher immer wieder nötig. Oft ist der Mund trocken und erst durch das Sprechen wird der Speichelfluß wieder angeregt.

Dies Gedicht spreche ich mehrmals vor, zunächst werden die Reimwörter nachgesprochen werden, später sicher auch mehr.

Nach und nach nehme ich erst Handgesten dann den Kinnor dazu. Die sich öffnende Knospe kann mit einem fest in die Hand geknüllten Nylontuch dargestellt werden, die sich langsam öffnet und so die Blüte erblühen lässt. Wenn die Knospe wächst, können wir mit in die Höhe „wachsen", wenn die Knospe rund und dick wird, werden wir es auch. Diese Bewegungen bewirken Dehnung und Aufrichtung im Brust- und Rückenbereich und unterstützen eine vertiefte Atmung, was vielleicht mit Rasseln unterstützt werden kann. Immer werde ich versuchen, genau zu beobachten, wann es genug ist, wann die Aufmerksamkeit nachlässt, wann ich etwas Geplantes weglassen oder etwas Ungeplantes einfügen muss.

In dem Musikstück aus Vivaldis „Vier Jahreszeiten" ist sehr deutlich die fröhliche Erwartung des Frühlings hörbar, später auch das Unwetter, der Regen, der sich über das Knöspchen ergießt. Dieses heitere Musikstück lässt viel Raum für Bewegung, Mitspielen- oder einfach nur Zuhören. Und es kann ein Rückerinnern an die Inhalte der Stunde fördern. Diese Rückschau unterstütze ich, indem ich am Ende der Stunde wiederhole und vor allem die Lieder noch einmal singe.

9.1.2.2 Frühlingswind

Begrüßung: mit einem Fächer sanft Luft fächeln

Begrüßungslied: Ich grüße dich, du grüßt mich, wir spüren warmen Wind

Gedicht:

> **Frühlingsglaube**
> Die linden Lüfte sind erwacht,/ sie säuseln und weben Tag und Nacht,/
> sie schaffen an allen Enden./ O frischer Duft, o neuer Klang!
> Nun, armes Herze, sei nicht bang!/ nun muss sich alles, alles wenden
>
> Die Welt wird schöner mit jedem Tag,/ man weiß nicht, was noch werden   mag,/das Blühen will nicht enden./ Es blüht das fernste, tiefste Tal:/
> Nun, armes Herze, vergiss die Qual!/ Nun muss sich alles, alles wenden.
> *Ludwig Uhland*

Lied: Alle Vögel sind schon da (Wenn es in C-Dur gesungen wird, kann es gut auf dem Kinnor begleitet werden)

Material: Watteflocken, weiße Nylontücher oder auseinandergebügelte Tempotaschentücher

Sprechen: Warmer Wind weht wohlig

Material: Fächerförmig (zick- zack- Faltung) gefaltete Zeitungen den TN in die Hände geben, damit Wind erzeugen oder auch über den Kinnor streichen

Musikhören: Blumenwalzer aus Peter Tschaikowsky Nussknackersuite op 71a

---

Abschlusslied: Reich mir die Hand, halt meine Hand,/ unsere Hände schließen den Kreis,/ Adé, ich sage tschüss, lebe wohl, auf Wiederseh´n :ll

Zusammenfassen und wiederholen
Alle in der Stunde verwendeten Materialien oder Instrument liegen auf einem Tuch in der Mitte des Tisches und erinnern an die Inhalte der Stunde

Anmerkungen

Wenn wir mit einem Fächer Wind erzeugen, soll der wirklich sanft und angenehm sein, weil wir Frühlingswind intendieren. Wir können die TN bitten, ihre Augen zu schließen, dann ist der Eindruck noch direkter. Beim Begrüßungslied, wenn wir die TN anfassen, können wir noch einmal Wind über die Hände streichen lassen.

„Der Frühlingswind ist sanft und warm, ganz anders als der Herbst- oder Winterwind". Das kann auf dem Kinnor gespielt werden, indem sehr vorsichtig mit der flachen Hand über die Saiten gestrichen wird oder ein sachtes Glissando.

In dem Gedicht sind „linden",„Lüfte" und „säuseln" Wörter, bei denen der Wind beim Aussprechen gut vernehmbar ist. Mit diesen Wörtern ruhig herumexperimentieren, auch mit Unterstützung des Kinnors oder anderer Instrumente. Auch „frischer Duft" ist so wunderbar laut- malerisch; wenn gut artikuliert wird, ist der frische Duft fast zu riechen. Bei „frisch" sitzt das Wort sehr weit vorn im Mund, das macht die Stimme viel munterer und aufgeweckter und wirkt allgemein belebend. Bei „neuer Klang" könnten wir einen ganz neuen Klang auf dem Kinnor erfinden. Meiner Erfahrung nach ist es genug, die erste Strophe zu spre- chen- aber das richtet sich ganz nach der Aufmerksamkeit der TN.

Im sanften Frühlingswind ist auch das Vogelgezwitscher zu hören, weil jetzt die Vögel aus ihrem Winterquartier zurück sind: „Alle Vögel sind schon da". Dies Lied wird sicher erinnert und kann gut mit verschiede- nen Instrumenten begleitet werden.

„Es ist wunderbar, dass im Frühlingswind die Wäsche wieder trocknen kann". Tempotaschentücher, gebügelt und auseinander genommen (es soll nur eine „Schicht" des Tuches benutzt werden) werden wie Wäsche- stücke angepustet und „getrocknet". Diese sehr leichten Tücher eignen sich gut, weil sie ohne große Kraftanstrengung bewegt werden können. Die Atmung wird so angeregt und intensiviert. Auch auseinandergezupfte kleine Wattebäuschchen können wie Wölkchen in die Luft gepustet werden. Nylontücher erfordern durch ihr höheres Eigengewicht schon eine größere Lungenkapazität.

Beim Sprechvers „Warmer Wind weht wohlig" soll der Wind an den Lippen deutlich spürbar werden (beim „w" sind die vorderen Schneidezähne locker an der Rückseite der Unterlippe und die Atemluft kitzelt ein wenig). Dies wieder eine Artikulationsübung, die ganz lustig ist.

Mit einer gefalteten Zeitung können die TN versuchen, selbst eine „Windmaschine" zu sein, der Wind kann zum Sprechen des Sprechverses erzeugt werden.

Bei ausreichender Zeit und Konzentration können die Lieder wiederholt werden oder auch noch andere Frühlingslieder gesungen werden.

Zum Blumenwalzer können alle Winde wehen, die Tücher im Wind flattern, die Blumen (Nylontücher) tanzen, Vögel (Kreppbänder) fliegen usw. usw,

Zum Schluss ist es schön, wenn noch einmal alles vor Augen ist, was uns in der Stunde beschäftigt hat.

Die Vorstellung „Wind" kann buchstäblich frischen Wind in die Stunde bringen, auf jeden Fall belebt und erquickt er.

9.1.2.3 Lichtmess

Einstimmung: Eine Kerze entzünden und jedem zeigen

Begrüßungslied: Ich grüße dich, du grüßt mich, wir seh´n das Licht der Kerze

Spruch: An Lichtmess fängt der Bauersmann neu mit des Jahres Arbeit an

Lied: Komm, heller Schein,/ leuchte hinein / in unsre dunkle Welt

Gedicht:
> Und dräut der Winter noch so sehr mit trotzigen Gebärden
> und streut er Eis und Schnee umher:
> Es muss doch Frühling werden.
> ...
> Blast nur ihr Stürme, blast mit Macht,
> mir soll darob nicht bangen,
> auf leisen Sohlen über Nacht
> kommt doch der Lenz gegangen.
> *Emmanuel Geibel*

Lied: Es war eine Mutter, die hatte vier Kinder

Material: ein gelbes Nylontuch aus der Hand aufgehen lassen (die Sonne geht auf - zu Lichtmess ist der Tag schon um eine Stunde länger als zu Weihnachten)

Lied: Vom Aufgang der Sonne

Kinnor: Auf dem Kinnor „die Sonne aufgehen lassen", dazu das Lied singen.

Spruch:

> Wenn's an Lichtmeß stürmt und schneit,/ ist der Frühling nicht mehr weit
>
> Ist's an Lichtmeß hell und rein
>
> wird's ein langer Winter sein.

Lied: wdh.

Musikhören: Antonio Vivaldi Flötenkonzert Nr. 6 in G-Dur. 3. Satz Allegro

Abschlusslied: Reich mir die Hand, halt meine Hand./ Unsere Hände schließen den Kreis./ Adé, ich sage tschüß, lebe wohl auf Wiederseh'n :ll

Abschluss mit Rückschau und Einsammeln der Materialien

Anmerkungen

Das lebendige Licht einer Kerze spricht das Innere eines Menschen besonders an. Lebendig, warm und hell symbolisiert es Wärme, Vertrauen und Geborgenheit. Im flackernden Kerzenschein tauchen Erinnerungen auf an frohe oder auch wehmütige Stunden. Lichtmess ist ein besonderes Fest, das das Ende des Winters und den Beginn des Frühlings verheißt. Früher wurden an dem Tag Dienstboten neu für ein Jahr eingestellt, der Dienstvertrag währte von Lichtmess bis Lichtmess, Im Zeugnis hieß es dann „...bis Lichtmess treu gedient". Kerzenweihe für den Bedarf des kommenden Jahres und Lichterprozessionen gehören in katholischen Gegenden zu diesem Tag. Hier in Hof gibt es traditionell den Lichtmess – Markt. Ab diesem Tag benötigte man früher keine künstliche Beleuchtung mehr. Viele dieser alten Sitten, Gebräuche und Redewendungen werden von alten Menschen während einer solchen Stunde noch erinnert. Es ist schön zu sehen, wie sich der Kerzenglanz in den Gesichtern der Teilnehmer spiegelt und sie zum Strahlen bringt. Die Musik von Vivaldi vertieft die Eindrücke der Stunde auf wahrnehmbare Weise, sie lebt von einer besonderen Atmosphäre.

9.1.2.4 Fasching

Einstimmung: Korken erinnern daran, dass zu Fasching gern und viel getrunken wird

Begrüßungslied: Ich grüße dich, du grüßt mich, wir freuen uns am Fasching

Spruch: Der Februar, der bringt uns die Fastnacht heraus,
da halten wir alle einen fröhlichen Schmaus.

Lied: Jetzt kommen die lustigen Tage
     O du lieber Augustin
     Die Tiroler sind lustig
     Mein Hut, der hat drei Ecken

Gedicht:
Rums dideldums didel Dudelsack, heute treib'n wir Schabernack./
Heute wird Musik gemacht, einmal nur ist Fasenacht.

Lied:
Die Tiere feiern Karneval zu Marburg an der Lahn,/
der Hahn trägt einen Regenschirm und schreitet stolz voran. / Auf einem Fahrrad fährt der Bär,/ in Stiefeln kommt der Ackergaul,/ die Gans hält einen Luftballon, / die Kuh hat eine Pfeif'im Maul
Text: M. Simsa, Musik C. de Saint-Seans

Kinnor: Mit den Korken auf dem Kinnor eine etwas „verrückte" Musik spielen

Gedicht:
Dunkel war's, der Mond schien helle, als ein Auto blitzeschnelle / langsam um die Ecke bog. / Stehend saßen drinnen Leute / schweigend ins Gespräch vertieft,/ als ein totgeschoss'ner Hase / auf der Sandbahn Schlittschuh lief.
Volksgut

Lied:

> Trat ich heute vor die Türe, sapperlot was seh´ich da?
> Tanzte doch die Gans Agathe mit dem Truthahn Cha-Cha-Cha.
> Und die Hühner und die Tauben machten „meck"
> und schrien „muh", und das Pferd mit seinen Hufen
> klapperte den Takt dazu.
>
> Wenn die Bettelleute tanzen/ wackeln Kober und der Ranzen./
> Eia, eiaeia, so geht's, so geht's , ...

Redensarten: Ein Prosit der Gemütlichkeit / Zum Wohl / Auf die Gesundheit / Hoch die Tassen/Kinder und Narren sagen die Wahrheit

Musikhören: Portsmouth mit Begleitung von Rasseln, Schellen und Kinnor mit dem Korken gespielt

Lied: Die bereits gesungenen Lieder wiederholen, jetzt mit Instrumentenbegleitung

Abschlußlied: Reich mir die Hand, halt meine Hand, / unsere Hände schließen den Kreis. / Adé, ich sage tschüß, lebe wohl, auf Wiederseh´n :ll

Abschluß mit Rückschau und Einpacken der Materialien

Anmerkungen

„Kleider machen Leute" - ein wenig davon finden wir im Fasching wieder: In eine andere Haut schlüpfen, ein anderer sein, alles ein wenig auf den Kopf stellen. Ein bisschen verrückt sein und Unfug machen. Auch Menschen mit Demenz haben „Sinn für Unsinn" und können sich köstlich amüsieren über komische Dinge und Situationen. Es tut gut, herzhaft zu lachen- und dazu tragen Nonsens-Lieder oder -Gedichte bei. Viele der oben aufgeführten Lieder oder Gedichte sind bekannt- und auch, dass es Nonsens-Texte sind. So ist oft in diesen Stunden herzhaftes Lachen zu hören - und wir wissen ja, dass lachen, wenn auch vielleicht nicht die beste, so aber eine gute Medizin ist. Fördert es doch durch vertiefte Atmung die Sauerstoffversorgung, die Durchblutung, massiert über das Zwerchfell die Bauchorgane und macht eben einfach gute Laune.

9.1.2.5 Maienzeit

Einstimmung: Frisches Maiengrün (Birkenblätter, Waldmeister, Maiglöckchen odgl.)
Anfassen, riechen, erinnern, vielleicht taucht der „Mai" auf!

Begrüßung: „Ich grüße dich, du grüßt mich/ wir freuen uns, dass Mai ist"

Kinnor: Wir spielen Maienwind, Maienregen, Maiensonne, Blumen blühen, Gras wächst
Sanfter Maienwind kann mit einer fächerig gefalteten Zeitung erzeugt werden

Sprechen: Wenn´s im Mai viel regnet, ist das Jahr gesegnet (Kann auf dem Kinnor verklanglicht werden)

Material: Mit Nylontüchern erblühen Blumen- welche blühen im Mai? (Flieder, Maiglöckchen, Pfingstrosen usw.) Die entsprechenden Farben erblühen lassen.

Lieder:
* Der Mai, der Mai, der lustige Mai
* Der Winter ist vergangen
* Grüß Gott, du schöner Maien
* Alle Vögel sind schon da
* Wenn der weiße Flieder wieder blüht
* Maria, Maienkönigin

Gedicht: Maifest (J. W. v. Goethe)

> Wie herrlich leuchtet mir die Natur!
> Wie glänzet die Sonne, wie lacht die Flur.
>
> Es dringen Blüten aus jedem Zweig
> Und tausend Stimmen aus dem Gesträuch.

Musikhören: Eine Polka habe ich zur „Maipolka" umbenannt, vielleicht die Polka, mit der um den Maibaum getanzt wird

Abschluss: Maiengrün, bunte Tücher liegen in der Mitte, wir erinnern uns an die Stunde, wiederholen Lieder oder Spruch oder Gedicht, singen zum Schluss das Abschiedslied

Abschiedslied: Reich mir die Hand/ halt meine Hand/ unsere Hände schließen den Kreis.
Ade, ich sage tschüss,/ lebet wohl, auf Wiedersehn ://

Anmerkungen

Farben, Duft und Ansehen der Maiblumen/-blätter bringen das ins Haus, war real nicht mehr erlebt werden kann. Vielleicht haben Sie ein schönes Kalenderblatt oder großes Foto, das Maitypisches zeigt. All das dient dazu, Verknüpfungen zu schaffen von der Jetztzeit in die Vergangenheit. Der Mai ist ein stark emotional verankerter Monat, denken wir an den ersten Mai, das Aufstellen der Maibäume, die Maibowle, die Maifeiern, Maientanz und vieles mehr. Im Mai finden Feste wie Konfirmation oder Kommunion statt, Pfingsten wird gefeiert. Alle diese Erlebnisse – viele Male erlebt, in Kriegs- und Friedenszeiten –, schlummern in den Menschen und können ins Bewusstsein geholt werden und damit eine biographische Brücke schlagen aus der Vergangenheit in die Gegenwart.
Gerade für den Mai gibt es populäre Sprüche wie auch: „Maienregen fall auf mich, im nächsten Jahr da wachse ich" und besonders viele und schöne Lieder. Die sollten während des ganzen Monats immer wieder gesungen werden, weil sie nebenbei auch eine stimmungsaufhellende Wirkung haben. Natürlich kann es geschehen, dass TN zu weinen

beginnen, wenn ihnen bewusst wird, dass alles vergangen ist und viele Freunde und Wegbegleiter nicht mehr da sind. Aber auch das gehört zu einem ganzen, vollständigen Leben dazu und wir sollten keine Angst vor derartigen Gefühlen oder Aufbrüchen haben. Zeigen sie doch, dass der Mensch lebendig ist und über ein reiches Gefühlsleben verfügt. Gerade am Ende des Lebens sollen Gefühle durchlebt werden- können sie doch helfen, das Leben abzuschließen, indem lange versteckte Emotionen noch einmal- oft auch erstmals im Leben- an die Oberfläche kommen. Gerade ein so positiv besetzter Monat wie der Mai hilft, sich diesen Lebensthemen zu stellen ohne in Traurigkeit zu versinken.

Das Goethe-Gedicht kennen viele noch aus der Schule. Die prächtigen Wörter wie „herrlich", „glänzt" und „leuchtet" sollen besonders beachtet und artikuliert werden- kommt in ihnen doch sprachlich die ganze Schönheit der erwachenden Natur zum Ausdruck!

Die „Maipolka" hat einen anderen Charakter als etwa der Frühlingsstimmenwalzer, eine Polka ist viel bodenständiger und lebenspraller und eignet sich prima dazu, sie etwa mit Rasseln, Schellen oder Kastagnetten zu begleiten.

9.1.2.6 Johanni

Einstimmung: Rosenblüten (möglichst duftende) oder Rosenbilder

Begrüßungslied: Ich grüße dich, du grüßt mich, wir grüßen durch die Blumenbilder

Gedicht:
> Rosen, Rosen, bringe Rosenduft, soll weh´n
> Wenn ich trink und singe, will ich Rosen seh´n.
> *Gottfried Keller*

Lied: Sah ein Knab ein Röslein steh´n...

Bauernregel: Wenn Johanni ist geboren, gehen die langen Tage verloren.

Lied:

> Rosestock, Hollerblüh´ wenn ich mein Dirndel seh´,
> lacht mir vor lauter Freud´ / ´s Herzel im Leib.
> LA la la, la la la, ...

Gedicht:

> Die Rose sprach zum Mägdelein/ ich muss dir ewig dankbar sein,/ dass du mich an den Busen drückst/ und mich mit deiner Huld beglückst.
> Das Mägdlein sprach: o Rose mein / bild dir nur nicht zu viel drauf ein, dass du mir Aug´ und Herz entzückst,/ ich liebe dich, weil du mich schmückst.
> *Wilhelm Busch*

Kinnor: wir spielen den Rosen-Akkord (alle roten Saiten)

Poesiealbum-Spruch:

> Rosen, Tulpen, Nelken, alle drei verwelken. / Nur die eine welket nicht:/ Und die heißt Vergissmeinnicht.

Musikhören: als „Mittsommertanz" hören wir den „Blumenwalzer" aus der Nußknacker- Suite op. 71A von Peter Tschaikowsky. Dazu werden bunte Nylontücher im Takt geschwungen.

Lied: Schenkt man sich Rosen in Tirol, /weiß man, was das bedeuten soll, /man schenkt die Rosen nicht allein,/ man gibt sich selber auch mit drein./ Meinst du es so? Verstehst du mich? /Meinst du es so, dann Liebste sprich! /Meinst du es so, dann tröste mich,/ gib mit der Rose mir auch dich.

Abschlusslied: Reich mir die Hand, halt meine Hand,/ unsere Hände schließen den Kreis./ Adé , ich sage tschüß, lebe wohl, auf Wiedersehn :ll

Abschluss mit Rückerinnerung und Wiederholen der Lieder

Anmerkungen

Auf der Höhe des Sommers feiern wir Johanni – Weihnachten ist vor und zurück gleich weit entfernt. Tag und Nacht sind gleich lang, in den nordischen Ländern wird es gar nicht dunkel. Vielerorts werden Johanni-Feuer entzündet. Vielleicht bringen wir ein wenig Rosenduft mit, das Rosenöl von Weleda ist naturrein und ohne Zusätze. Bei Duftölen ist Vorsicht geboten: billige Öle sind mit Aromastoffen gestreckt. Am schönsten ist natürlich ein echter Rosenstrauß mit duftenden Rosen. Der Juni ist voller Düfte, „Rosestock, Hollerblüh'"- auch der Holunder steht in voller Blüte. An Johanni endet die Spargel- und Rhabarber- Ernte, vielleicht gibt es bereits duftende Erdbeeren. Alle diese Reize vermögen Erinnerungen zu wecken- kommen dann noch die Lieder dazu, die an längst vergangene Zeiten erinnern, kann auch die eigene Person erinnert werden. Düfte – wie auch Musik – dringen ohne Umweg ins limbische System so dass ohne den Umweg über den Verstand eine direkte Erinnerung an Erlebnisse, Situationen oder Personen entstehen kann.

Poesiealbumsprüche sind sehr populär, hatte doch jedes junge Mädchen früher ein Poesiealbum. „Unter Rosen und Narzissen fließe stets dein Leben hin,/ Weisheit sei dein Ruhekissen, Tugend deine Führerin" passt auch zum heutigen Stundenthema und ist Generationen von jungen Frauen ins Album geschrieben und kunstvoll verziert worden. Derartige Spruchweisheiten wirkten oft wie ein „Glaubenssatz" und sind zuweilen in Familien von Generation zu Generation weitergegeben worden, wie eine familieninterne Richtschnur. Ich denke an: „Halte Ordnung, liebe sie, sie erspart dir Zeit und Müh'" Oder auch: „Spare, lerne, leiste was,/

dann hast du, bist du, kannst du was". Wie ein Lebensmotto begleiten solche Verse durch das Leben und es ist berührend zu beobachten, wie Menschen reagieren, wenn „ihr" Spruch zitiert wird.

9.1.2.7 Silvester/Neujahr

Einstimmung: Silvesterschlangen oder aus Blei gegossene Figuren

Begrüßungslied: Ich grüße dich, du grüßt mich, wir freu'n uns auf Silvester

Silvester – Altjahrsabend mit Feuerwerk und Kirchenglocken wird das alte Jahr verabschiedet und das neue Jahr begrüßt.

Gedicht: von Theodor Fontane

> **Der Schwester zu Silvester**
> Habe ein heiteres, fröhliches Herz
> Januar, Februar und März,
> Sei immer mit dabei
> in April und Mai.
> Kreische vor Lust
> in Juni, Juli und August.
> Habe Verehrer, Freunde und Lober
> in September und Oktober,
> und bleibe meine gute Schwester
> bis zum Dezember und nächsten Silvester.

Lied:

> 1. Das alte ist vergangen, das neue angefangen.
> Glück zu, Glück zu, zum neuen Jahr.

> 2. Das alte lasst uns schließen, das neue freundlich
> grüßen. Glück zu...

> 3. Es bringt dir Heil und Segen,
> viel Freude allerwegen. Glück zu...

4. Frisch auf zu neuen Taten,
hilf Gott, dass sie geraten. Glück zu...
Volksweise

Kinnor: „Silvesterfeuerwerk" auf dem Kinnor „abbrennen"

Gedicht: von Wilhelm Busch

Prosit Neujahr!
Ob gut, ob schlecht wird später klar.
Doch bringt's nur Gesundheit und fröhlichen Mut
und Geld genug, dann ist's schon gut.

Redewendungen: Einen guten Rutsch, Prost Neujahr

Spruch: Dezember macht Felder und Fluren schneeweiß.
Das Jahr ist zu Ende, Gott ewig sei Preis.

Lied:

1. Nehmt Abschied, Brüder, ungewiss ist alle Wiederkehr,
die Zukunft liegt in Finsternis und macht das Herz uns schwer.
Der Himmel wölbt sich über's Land, ade, auf Wiedersehn,
Wir ruhen all in Gottes Hand, leb wohl, auf Wiedersehn.

2. So ist in jedem Anbeginn das Ende nicht mehr weit.
Wir kommen her und gehen hin und mit uns geht die Zeit.
Der Himmel...
Robert Burns

Musikhören: Feuerwerksmusik von G. F. Händel HWV 351

Abschlusslied:
Reich mir die Hand, halt meine Hand, unsere Hände schließen den
Kreis. Adé, ich sage tschüss, lebe wohl, auf Wiedersehn.:ǁ

Abschluss mit Wiederholen

Anmerkungen

Silvester und Neujahr sind ebenso wie Weihnachten sehr erinnerungs- und emotionsbeladene Feste. Die alten Menschen spüren auch in der Demenz die Wucht solcher Feiertage und werden unruhig, aufgeregt und vielleicht sogar aggressiv. Die Beschäftigung mit Musik kann hier sehr entlastend und beruhigend wirken. Ich selbst habe gehört, dass die Atmosphäre an solchen Tagen viel entspannter war, wenn ich zu einer Gruppenstunde im Haus war. Daher auch das Stundenbild an dieser Stelle. Texte und Lieder haben besinnlichen Charakter und lassen Erinnerungen aufscheinen an viele Jahreswechsel, die erlebt worden sind, einige auch im Krieg und schweren Zeiten. Da können sehr schmerzliche Situationen auftauchen, die verbal nicht mehr formuliert werden können und dennoch sehr bedrängen können. Musik und Gedichte mit ihrem beruhigenden Versrhythmus können hier Wunder wirken.

Ein Feuerwerk auf dem Kinnor kann mit Klopfen beginnen und- wenn die Rakete hochsteigt- von Sausen auf den Saiten von unten nach oben hörbar gemacht werden. „Hui, bravo" - Rufe untermalen die Saitenfeuerwerk auch stimmlich.

Das Fontane- Gedicht bringt auch die heitere Seite des Jahresendes bzw. -beginns zum Ausdruck und nimmt ein wenig die Schwere dieser Zeitenwende, die ja zweifellos vorhanden ist. Rückblick und Vorschau sind ja gerade bei hochaltrigen Menschen mit Verlusterfahrungen und Schmerz verbunden.

Der sprichwörtliche „Gute Rutsch" soll mit rutschen oder gar hinrutschen nichts zu tun haben sondern aus dem Hebräischen stammen. Dort bedeutet „rosch ha schana" einen guten Kopf (Anfang) des Jahres und hat so vermutlich über das Jiddische Eingang in unseren Sprachgebrauch gefunden.

Es ist ein gutes Gefühl, wenn es gelingt, aus der eher melancholischen Grundstimmung zu einer heiteren und etwas zuversichtlicheren Atmosphäre zu gelangen.

9.1.3 Naturerscheinungen und -materialien

9.1.3.1 Nebel

Einstimmung: durch Watte schauen oder/und einen feinen Sprühnebel aus einer Pumpflasche versprühen, vielleicht sich auf ein Blatt niederschlagen lassen.

Material: schön ist es, wenn Fotos oder Postkarten zur Hand sind

Lied:
> Nebel, Nebel, weißer Hauch
> walle über Baum und Strauch
> Nebel, Nebel, weiße Wand,
> fliege hin ins weite Land.
> Fliege über Tal und Höh'n,
> laß die gold'ne Sonne seh'n.
> *Worte: F.A. Blumau. Weise R.R. Klein*

Dazu können weiße Nylontücher geschwungen werden.

Kinnor: mit der flachen Hand über die Saiten streichen erzeugt eigenartige und ein wenig vage Klänge.
Nebel steigt auf- und Nebel fällt.

Gedicht:
> Der Nebel steigt es fällt das Laub,
> schenk ein den Wein, den holden.
> Wir wollen uns den grauen Tag vergolden,
> ja vergolden.
> *Theodor Storm*

Sprechen:
Nebel, Nabel, Niebel,
schwing dich auf zum Giebel
schwing dich auf zum Himmelstor
hol die gold'ne Sonn hervor. *(Volksgut)*

Lied: Bunt sind schon die Wälder
Der Herbst, der Herbst, der Herbst ist da

Gedicht:

Im Nebel

Seltsam, im Nebel zu wandern!
Einsam ist jeder Busch und Stein,
keiner sieht den andern, jeder ist allein.

Voll von Freuden war mir die Welt,
als noch mein Leben licht war;
nun, da der Nebel fällt, ist keiner mehr sichtbar.

Wahrlich, keiner ist weise,
der nicht das Dunkel kennt,
das unentrinnbar und leise von allen ihn trennt.

Seltsam, im Nebel zu wandern!
Leben ist Einsamsein.
Kein Mensch kennt den andern, jeder ist allein.

Musikhören: Der Herbst Antonio Vivaldi op. 8, RV 293

Bauernregel: Im Oktober der Nebel viel,
bringt der Winter Flockenspiel.

Abschiedslied:
Reich mir die Hand, halt meine Hand, unsere Hände schließen den Kreis. Adé, ich sage tschüss, lebe wohl, auf Wiederseh´n. :ǁ

Abschluss mit Wiederholen

Anmerkungen

Ein eigenartig verstörendes und gleichermaßen faszinierendes Phänomen ist der Nebel. Er hüllt ein, verhüllt aber auch. Den Bewusstseinszustand in der Demenz stelle ich mir auch ein wenig „vernebelt" vor, alles verliert seine Konturen, wird unscharf und verschwindet schließlich. Wenn jemand „benebelt" ist, ist er geistig nicht ganz präsent, alles verschwimmt. Wir spüren oft die Angst und die Verunsicherung der alten Menschen, denen alles Feste, Klare abhanden kommt. Sind wir im Nebel mit dem Auto unterwegs, verlieren wir die Orientierung, alles wird fremd. Wir sind so einsam, wie Rilke es in seinem Gedicht beschreibt, es spiegelt auf ganz wundersame Art Empfindungen und Gefühle. Wird auch die Aussage des Textes nicht verstanden, so doch seine Botschaft; das konnte ich wiederholt beobachten. Gespiegelte Gefühle machen etwas weniger einsam, weil es jemanden gibt, der ähnlich empfunden hat. Alte Menschen sind auf einem Weg in die Einsamkeit, ganz praktisch dadurch, dass viele Wegbegleiter bereits verstorben sind. Und im übertragenen Sinn dadurch, dass sie dem Tod entgegen gehen, der ein höchstes Maß an Vereinsamung bedeutet.

So ist die Beschäftigung mit Nebel auch eine Beschäftigung mit Tod und Vergänglichkeit, mit dem Verschwinden aller Sicherheiten wohl der schwerste und schmerzlichste Aspekt des Alt- Werdens. Aber Nebel kann auch vergehen, er kann sich heben, und plötzlich ist alles klar und hell. Dies drücken einige der Lieder und Sprüche aus – und das macht Hoffnung und weckt durchaus Zuversicht.

9.1.3.2 Regen

Einstimmung: „Regentropfen" aus einer Spritzenkanüle wohl dosiert auf die Handfläche tropfen.

Begrüßung: Ich grüße dich,/ du grüßt mich,/ wir haben Regentropfen

Sprechvers:
> Es regnet, Gott segnet, die Erde wird nass.
> Grün werden die Blätter
> Und grün wird das Gras.

Mit Kinnor und anderen Instrumenten begleiten.

Körperinstrumente:

Fingerkuppen am Ohr reiben: Nieselregen;
Handflächen reiben:sanfter Regen;
Auf den Tisch (Kinnor) klopfen: Regenguss;
Mit Handflächen auf den Tisch (Kinnor) schlagen: Platzregen

Kinnor: Regentropfen tropfen von oben auf die Erde

Gedicht:

Regen, Regen, Himmelssegen!
Bring uns Kühle, lösch´ den Staub,
und erquicke Halm und Laub.

Regen, Regen, Himmelssegen!
Labe meine Blümelein,
daß sie blüh´n im Sonnenschein.

Bauernregel: Steigt der Nebel empor, steht Regen bevor.

Lied:

Es regnet, es regnet, es regnet seinen Lauf,
Und wenn´s genug geregnet hat, so hört es wieder auf.

Schlager:

Regentropfen, die an mein Fenster klopfen,
die sagen mir,
das ist ein Gruß von dir.

Musikhören: Maurice Ravel: Jeaux d´eau

Abschluss: Rückschau und Abschiedslied

Anmerkungen

Regentropfen, dosiert mit einer Spritzenkanüle, rufen immer wieder Erstaunen hervor: der Tropfen wird zerrieben, es wird an ihm geschnuppert und es wird betrachtet, wie er über die Handfläche rinnt. Ein großes Blatt, auf das ein Tropfen gegeben wird, ist sehr eindrücklich oder Fotos (Kalenderblätter) mit Regentropfen. Es kommen oft Erinnerungen auf, „ich bin einmal sehr eingeregnet und hatte mein bestes Sonntagskleid an"... Wörter, in denen Regen vorkommt, können auftauchen (Regenguss, Regenschirm, Regenwetter, Regenbogen, ...)

Bei der Begrüßung kann nochmals ein Regentropfen auf die Hand fallen, diesmal vielleicht auf den Handrücken.

Beim Sprechvers kann schon mit Instrumenten verklanglicht werden, vielleicht ist ein Rainmaker vorhanden, es regnen Regentropfen sanft auf den Kopf (die Fingerspitzen „tropfen" sanft über den gesamten Kopf- das bewirkt eine Aktivierung des Kopfbereiches und macht wach, außerdem ist es sehr angenehm). Der Regen kann auch über den Rücken fließen, dadurch wird die Atmung angeregt. Auf dem Kinnor können Regentropfen als Glissando oder als einzelne Tröpfchen von oben nach unten regnen.

Werden Körperinstrumente genutzt, finden Aktivierung, Belebung, Feinmotorische Schulung und Sensibilisierung statt. Außerdem ist es erstaunlich, wo am Körper überall Regen gehört werden kann.

Beim Gedicht, das oft wiederholt werden soll, achte ich auf die Artikulation. Das macht Spaß und belebt die Sprechwerkzeuge, außerdem wird die Vorstellungskraft angeregt: innere Bilder sind ein Stück Kreativität.

„Regentropfen klopfen" ist beim Sprechen sehr gut zu hören (Aktivierung der Zungen- und Lippenmuskulatur)

Das Klavierstück von Ravel ist sehr sprechend und die Regentropfen sind deutlich zu hören.

Vielleicht spielen wir noch einen Regentropfen- Tanz oder ähnliches, bei dem alle Instrumente eingesetzt werden.

Ein kleiner Vers noch von Eugen Roth:

Ein Sommerregen ist erfreulich- ein Regensommer ganz abscheulich.

9.1.3.3 Blumen

Einführung: Tulpenblumenstrauß (oder ein Wiesenblumenstrauß o. dgl.) in einer Vase, jeden sehen, riechen und anfassen lassen.

Begrüßungslied: Ich grüße dich, du grüßt mich, wir freu'n uns an den Blumen.

Material: rote, gelbe und weiße Nylontücher „aufblühen" lassen

Kinnor: Blumen aufblühen lassen, von unten nach oben erblühen lassen, Sonne scheint auf die Blumen, Regen fällt sanft auf sie und langsam öffnen sie sich. Diese Bewegung des Öffnens kann auch gestisch dargestellt werden, indem sich die Arme und Hände, nach oben hin öffnen, ähnlich wie die Nylontuch-Blume.

Lied: Die Blumen, die Blumen, die wiegen sich im Wind. Sie blühen und duften, das riechst du ganz bestimmt.
Mit einem Fächer sanften Wind fächeln, in dem sich die Blumen wiegen, dabei in ein Schwingen gleiten, vielleicht die Augen schließen und Sonne, Wind und Blumenduft spüren.

Material: Ansichtskarten mit Blumenbildern unter die Saiten des Kinnors schieben- „wie klingen diese Blumen?"

Gedicht: Des Müllers Blumen *(W. Müller 1794-1827)*

> Am Bach viel kleine Blumen stehn,
> aus hellen blauen Augen sehn,
> der Bach, der ist des Müllers Freund
> und hellblau Liebchens Auge scheint.
> Drum sind es meine Blumen.
> (...)

Lied:
> Ward ein Blümlein mir geschenket,
> hab's gepflanzt und hab's getränket.
> Vöglein kommt und gebet acht!
> Gelt, ich hab es recht gemacht.

Spruch:
> Blumen können nicht blühen ohne die Wärme der Sonne;
> Menschen können nicht Mensch werden ohne die Wärme der

Freundschaft.

Musikhören: Blumenwalzer aus der Nussknackersuite von Peter Tschaikowsky, dazu die Blumentücher schwenken oder mit Glöckchen und Rasseln die Musik begleiten.

Abschluss: Die Blumentücher und den Blumenstrauß auf dem Tisch zu einem farbenfrohen Bild legen, Lieder oder Gedicht oder den Spruch wiederholen, dann das Abschiedslied singen.

Abschiedslied:
Reich mir die Hand/ halt meine Hand/ unsere Hände schließen den Kreis.
Adé ich sagen Tschüss/ lebet wohl/ auf Wiedersehn :ll

Anmerkungen:

Diese Stunde eignet sich gut für einen unfreundlicheren Sommer- oder Frühlingstag, an dem die Sonne nicht scheint, aber durch die farbenfrohen Blumen die Stimmung aufgehellt wird- ebenso für einen Wintertag, an dem an die Pracht und Wärme des Sommers erinnert wird.

Die mitgebrachten Blumen können betrachtet, angefasst und auch gerochen werden, der Einstieg in das Thema der Stunde geschieht über drei Sinneseindrücke. Der vierte- das Hören- wird durch das Singen des Begrüßungsliedes angeregt.

Das Aufblühen der Nylontücher bringt Vitalität und Bewegung ins Bewusstsein. Die Veränderung kann gespürt (wenn das Aufblühen selbst erlebt wird) oder gesehen werden. Eine körperlich spürbare Vertiefung des Eindrucks entsteht, wenn die Hände und Arme nach oben hin geöffnet werden. Diese Bewegung bewirkt gleichzeitig eine Aufrichtung des Oberkörpers und ein Intensivieren der oft viel zu flachen Atmung. Die Durchblutung des gesamten Organismus wird angeregt- nicht zuletzt die des Gehirns. So werden Wachheit und Präsenz auch körperlich stimuliert.

Das Lied „Die Blumen, die Blumen, die wiegen sich im Wind/ Sie blühen und duften/ das riechst du ganz bestimmt" fasst die vorherigen Eindrücke auf einer anderen Ebene zusammen. Auch wenn das Lied neu ist, ist es doch so kurz, dass es nach mehrmaliger Wiederholung zumindest in Teilen mitgesungen werden kann. Die schwingende Bewegung dazu harmonisiert und weckt Urerinnerungen an beruhigendes Wiegen, kann daher Unruhe vermindern und Stress abbauen. Sanfter Wind auf dem Gesicht weckt Erinnerungen an Aufenthalte an der frischen Luft. Ferner verknüpft das Lied die vorher erlebten Erfahrungen

(blühen und duften- wiegen im Wind) auf eine andere Weise mit einer Melodie und hilft so, vielschichtiges Erinnern anzuregen.

Ansichtskarten unter die Saiten des Kinnors geschoben fördern Kreativität und Improvisationsfähigkeit, es kommen u.U. erstaunliche „Kompositionen" zustande. Hier kommt zum Eindruck der „Ausdruck", es wird also unterstützt, dass das, was ich erlebe und empfinde auch geäußert werden kann. Diese Fähigkeit ist ja oft sehr reduziert.

„Am Bach viel kleine Blumen stehn" kann erinnert werden, vielleicht fällt jemandem sogar das Lied dazu ein. Nun kommt das Wasser in Gestalt des Baches dazu, da können auch Verse erinnert werden wie „vom Wasser haben wirs gelernt" oder „Es klappert die Mühle am rauschenden Bach".

Das Lied „Ward ein Blümlein mir geschenket" ist vielen bekannt und bahnt Wege des Erinnerns in die Vergangenheit.

Der Sinnspruch aktiviert Lebenserfahrung und wird sicher von manchem Kopfnicken bestätigt, auch wenn er gemahnt, dass viele der alten Freunde nicht mehr am Leben sind.

Der Blumenwalzer bringt wieder Heiterkeit und Spielfreude- auch Freude an Bewegung mit Tüchern oder Instrumenten. Dieses aktive Mitwirken lässt die Menschen sich als Teil einer Gemeinschaft erleben. Sie bedeutet Teilhabe an kulturellem Tun -. Deckt also ein elementares Bedürfnis des Menschen- auch des alten Menschen- ab.

Mit dem Abschiedslied und der Abschlusskollage wird sichtbar zusammengefasst, was in der Stunde geschah und jeder Einzelne fühlt sich durch die persönliche Verabschiedung gemeint.

9.1.3.4 Steine

Einstimmung: Warme (!) Steine zunächst in einem Säckchen schütteln, dem Klang lauschen. Das Säckchen anfassen lassen, dabei die Steine immer wieder erklingen lassen. Steine in die Hand geben, über die Handinnenfläche streichen, die Finger entlang fahren, über den Handrücken gleiten, die Arme hinauf.

Begrüßung: Ich grüße dich, du grüßt mich, wir haben warme Steine.

Sprechen: Stein in`s Rollen bringen; steter Tropfen höhlt den Stein, mir fällt ein Stein vom Herzen, Ein Herz von Stein haben, über Stock und Stein wandern.

Kinnor: Ein Stein fällt in das Wasser, Tropfen springen hoch, (Glissando von oben nach unten, dann einzelne Töne „hochspritzen" lassen. Mit Steinen über die Saiten fahren: wie klingt die Steinmusik? Steine unter die Saiten schieben, die Saitenlänge verkürzt sich und der Ton wird höher.

Singen:
>Die Steine selbst, so schwer sie sind,
>die Steine selbst so schwer sie sind,
>die Steine.
>Sie tanzen mit den muntern Reih'n
>und wollen gar noch schneller sein,
>die Steine...
>*(Aus „Das Wandern ist des Müllers Lust", davon alle Verse singen.)*

Material: Steine aneinanderschlagen, hören, wie das klingt. Ein flacher Stein auf der gewölbten Handinnenfläche klingt anders als auf der flachen Handaußenfläche.

Gedicht:

Der Stein *(Joachim Ringelnatz)*

>Ein kleines Steinchen rollte munter von einem hohen Berg hinunter.
>Und als es durch den Schnee so rollte, ward es viel größer als es wollte.
>Da sprach der Stein mit stolzer Miene: „Jetzt bin ich eine Schneelawine!"
>Er riss im Rollen noch ein Haus und sieben große Bäume aus.
>Dann rollte er ins Meer hinein - und dort versank der kleine Stein.

Kinnor: Auf dem Kinnor läßt sich dieses Gedicht gut verklanglichen.

Singen: Weitere Wanderlieder
* Wer recht in Freuden wandern will
* Meine Vater war ein Wandersmann
* Im Frühtau zu Berge
* Wem Gott will rechte Gunst erweisen
* Auf, du junger Wandersmann
* Schön ist die Welt
* Wenn wir erklimmen schwindelnde Höhen

Instrumente: Zur Begleitung von Wanderliedern bietet es sich an, auf dem Kinnor den Takt zu klopfen oder ihn mit Rasseln o.ä. zu schlagen

Musikhören: Radetzkymarsch oder eine andere Marschmusik

Abschiedslied: Reich mir die Hand, halt meine Hand;/ unsere Hände schließen den Kreis./ Adé, ich sage tschüß, lebe wohl, auf Wieder-seh´n. :ll

Anmerkungen

Steine können sehr kalt sein, darum ist es gut, die vorher in warmes Wasser zu legen. Durch das Streichen mit dem angenehm warmen Stein über die Handinnenfläche lösen sich verkrampfte Hände, Sehnen können sich strecken. Die Handaussenseite empfindet die Berührung ganz anders- ein weiterer Reiz zur Körperwahrnehmung, die ja in der Demenz gestört ist. Fest umschlossen und gedrückt entsteht wieder ein anderes Empfindensmuster. Hiebei werden Muskeln und Sehnen gekräftigt und der Muskeltonus wird erhöht. Die kleinen Erfahrungen mit dem Stein fördern die Feinmotorik und helfen, mit dem Kinnor umzugehen. Auch im Hals- Schulter- Bereich kann der Stein verhärtete Muskeln lösen, wenn wir diese mit dem Stein ausstreichen. Durch blockierte und ver-härtete Hals- Schulter- Muskulatur wird die Durchblutung des Kopfes behindert. Das sanfte Ausstreichen des Bereiches wird meistens als sehr angenehm empfunden.

Auf dem Kinnor klingt eine Steinmusik ganz speziell.

Ich nehme die glatt geschliffenen und nicht zu kleinen Deko- Kieselsteine (Baumarkt oder Bastelgeschäft), die sich angenehm wie Handschmeichler anfühlen und fast wie Halbedelsteine aussehen. Unter die Saiten des Kinnors geschoben verändert sich der Klang des Instrumentes ebenso wie die Tonhöhe.

Das Gedicht von Ringelnatz lässt sich vortrefflich auf dem Kinnor verklanglichen: Das Steinchen rollt den Berg (Kinnor) hinunter und wird langsam immer schneller und lauter, bis es leise im Wasser verschwindet.

9.1.3.5 Schnecke

Einstimmung: Schneckenhäuser in einem Säckchen, oder auf den Rücken (oder auf die Hand) eine Spirale malen, oder aus einer Kordel eine Spirale legen.

Begrüßung: Ich grüße dich, du grüßt mich, wir grüßen uns wie Schnecken. Dabei berühren wir uns sanft mit den Fingerspitzen (wie Schnecken mit ihren Fühlern).

Spruch: Ei wie langsam, ei wie langsam/ kommt der Schneck von seinem Fleck./ Sieben lange Tage braucht er von dem Eck ins and´re Eck.

Die langsame Bewegung auf dem Kinnor nachahmen: von einer Seite zur anderen langsam streichen oder zupfen. Man kann auch auf eine Saite von einer Seite zur anderen fahren, indem Daumen und Zeigefinger die Saiten umfassen und sie von links nach rechts oder umgekehrt ziehen.

Material: Bild von einem Posthorn aus dem Internet herunterladen, zeigen, erkennt es jemand?

Lied:
Ich fahr', ich fahr', ich fahr' mit der Post,
Fahr' mit der Schneckenpost,
die mich kein' Heller kost'.
Ich fahr, ich fahr', ich fahr' mit der Post.

Musikhören: Konzert für Horn und Orchester Nr.1 in D- Dur, 2. Satz Allegro von W. A. Mozart

Gedicht:
> Der Mensch zertritt die Schnecke achtlos
> die Schnecke ist dagegen machtlos.
> Denn viel zu spät erst beim Zerknacken
> kann sie ihn beim Gewissen packen.
> *Eugen Roth*

Kinnor: das Schneckenhaus, auf den Zeigefinger gesteckt, spielt eine Spirale auf dem Kinnor („Schneckenmusik)"

Lied: wdh., evtl. auch den Spruch und die Begleitung auf dem Kinnor

Verabschiedung: Beim Einpacken der Materialien diese noch einmal zeigen und Inhalte wiederholen.

Abschiedslied: Reich mir die Hand,/ halt meine Hand./ Unsere Hände schließen den Kreis./ Adé, ich sage tschüß,/ lebe wohl, auf Wiederseh'n. :ll

Anmerkungen

Wird eine Spirale auf den Rücken gemalt, sollte sie groß sein, damit sie erkannt werden kann. Der Rücken ist oft gar nicht im Bewusstsein, durch diese kleine Interaktion wird er aktiviert. Die auf den Rücken gelenkte Aufmerksamkeit bewirkt eine kleine Aufrichtung der Wirbelsäule und eine vertiefte Atmung. Auch in die Hand gemalt aktiviert die Spirale dort endende Nerven. Eine feinmotorische Leistung ist es, wenn die erkannte Spirale mit einer Kordel gelegt oder auf dem Kinnor gespielt wird. Leere Schneckenhäuser gibt es in Bastelgeschäften o.ä. zu kaufen, die sind dann etwas größer als die selbst gesammelten. Die lassen sich leicht auf den Finger stecken- und das macht Spaß.

Das Posthorn ist altbekannt, auch das Jagdhorn als Signalhorn. Auch der Postillion, der auf der Postkutsche sitzt und in das Posthorn bläst, wird oft erinnert. Aus der Oper „Der Postillion von Lonjumeau" ist das

Lied. „Freunde, vernehmet die Geschichte..." mit dem Refrain „Oh, oh, oh, so schön, so froh, Postillion von Lonjumeau" war früher sehr populär. Bei dem Gedicht ist das Wort „Zerknacken" selbsterklärend und lautmalerisch gut zu verklanglichen. Auch ohne es inhaltlich zu verstehen macht es Spaß, es auszusprechen und es so richtig knacken zu lassen.

9.1.3.6 Nüsse

Einführung: in einem Säckchen schüttele ich Nüsse, evtl. auch in einem Stoffschlauch

Begrüßung: Ich grüße dich, du grüßt mich, wir hören Nüsse klappern.

Spruch: Harte Schale – süßer Kern,/ wer mich knackt, der isst mich gern.

Lied:
>   Ging ein Weiblein Nüsse schütteln, Nüsse schütteln Nüsse schütteln:
>   alle Jungen halfen rütteln, halfen rütteln, rums!
>   Ging ein Weiblein Himbeern pflücken, Himbeern pflücken, Himbeern pflücken,
>   riss dabei den Rock in Stücken, Rock in Stücken, rums!
>   Hat nicht bloß den Rock zerrissen, Rock zerrissen, Rock zerrissen,
>   wird die Schuh auch flicken müssen, flicken müssen, rums!
>   *Volksgut*

Sprechen: Klicker, klacker, klicker, klacker,
knacke Nüsse, knacke wacker.

Material und Kinnor: Walnusshälften unter die Saiten des Kinnors schieben, mit den Hälften über die Saiten fahren, auf den Finger setzen, damit den Kinnor spielen.

Instrumente: Walnusskastagnetten basteln und damit klackern.

Spruch:

> Die Walnuss auf den Boden fällt,
> wir sammeln sie geschwind.
> Wenn man zum Winter sie behält,
> so schmeckt sie jedem Kind.
> *Verfasser unbekannt*

Musikhören:

Russischer Tanz, Trepak aus der Nussknackersuite op. 71 a von Peter Tschaikowsky, dazu mit Rasseln und Nusskastagnetten spielen.

Gedicht:

> Holler, boller, Rumpelsack,
> Niklaus trug sie Huckepack.
> Weihnachtsnüsse gelb und braun,
> runzlig, punzlig anzuschaun.
> Knackt die Schale, springt der Kern
> Weihnachtsnüsse ess' ich gern.
> *Albert Sergel (1876-1946)*

Lied: Der Herbst, der Herbst, der Herbst ist da
> 4. Strophe: Er bringt uns Wein, hei hussassa,
> Nüsse auf den Teller,
> Äpfel in den Keller,
> Heia hussassa,
> der Herbst ist da.
> *1.u.2. Str. mdl. Überliefert 3. u.4. Str. von Hans R. Franzke*

Redewendung: Jemand hat eine harte Nuss zu knacken.

Abschiedslied: Reich mir die Hand, halt meine Hand, unsere Hände schließen den Kreis./ Adé, ich sage tschüß, lebe wohl, auf Wiederseh'n. :ǁ

Verabschiedung und Wiederholen

Anmerkungen

Walnüsse sind wunderbar: sie haben eine interessante Oberfläche, eine Spitze und Ränder, es gibt also viel zu fühlen. Die Walnuss kann in der Handfläche spazieren gehen, den Arm hinauf wandern, über die Handaußenfläche streichen- immer fühlt sie sich anders an. Neu und doch vertraut. Eine halbierte Walnuss kann auf einen Finger gesetzt werden und auf dem Tisch oder dem Kinnor klackern, wird sie auf die hohle Handfläche gesetzt und mit einer anderen Nuss angeschlagen, klingt es lauter und sonorer, weil die Hand als Resonanzkörper wirkt. Auf dem Zeigefinger balanciert fördert sie die Feinmotorik. Ans Ohr gehalten und mit der Fingerkuppe sanft gestrichen ertönt eine ganz eigene Musik. Zwei Teesiebe zusammengebunden und mit Walnüssen gefüllt sind prima Rasseln, mit denen zum „Trepak" kräftig gerasselt werden kann. Ein länglicher Pappstreifen wird in der Mitte geknickt und auf beide vorderen Innenseiten je eine Walnusshälfte geklebt, so dass die beiden Hälften aufeinander klackern: schon ist die Walnusskastagnette fertig.

Eine Hälfte unter den Kinnor geschoben verkürzt die Saiten, die dann höher klingen. Fast ein Nonsens - Gedicht ist „Klicker klacker ...", da kann es beim Sprechen klickern und klackern- und das macht Spaß, selbst wenn der Text nicht verstanden wird (manchmal klickern und klackern die Gebisse auch mit).

Auch „Holler, boller Rumpelsack" ist wieder so ein zungenbrecherisches Gedicht. Besonders schön finde ich die Nüsse, die „runzlig, punzlig anzuschaun" sind. Das sind Wörter, die gerne aus dem Mund kommen, weil sie das erklingen lassen, was sie aussagen und zum Mitsprechen anregen. Wenn dann noch die Nüsse im Säckchen dazu klackern, ist der Spaß perfekt.

In so mancher Stunde haben die Teilnehmer begeistert mit einer Nuss auf den Tisch geklopft und so den Trepak begleitet.

9.2 Schlussbemerkung

Anhand vieler Beispiele habe ich zu zeigen versucht, dass auch der musikalische Laie problemlos mit dem Kinnor umgehen kann. Das Musizieren mit Senioren erfordert lediglich ein wenig Mut, es einmal zu versuchen. Wer diese Hürde überwunden hat, wird vielfach belohnt durch die Freude und den Spaß, die das Musizieren den Teilnehmern und ihm

selbst bereitet. Der Umgang miteinander wird entspannter und strahlende Augen und rosig angehauchte Wangen zeigen, dass neue Lebensfreude eingekehrt ist.

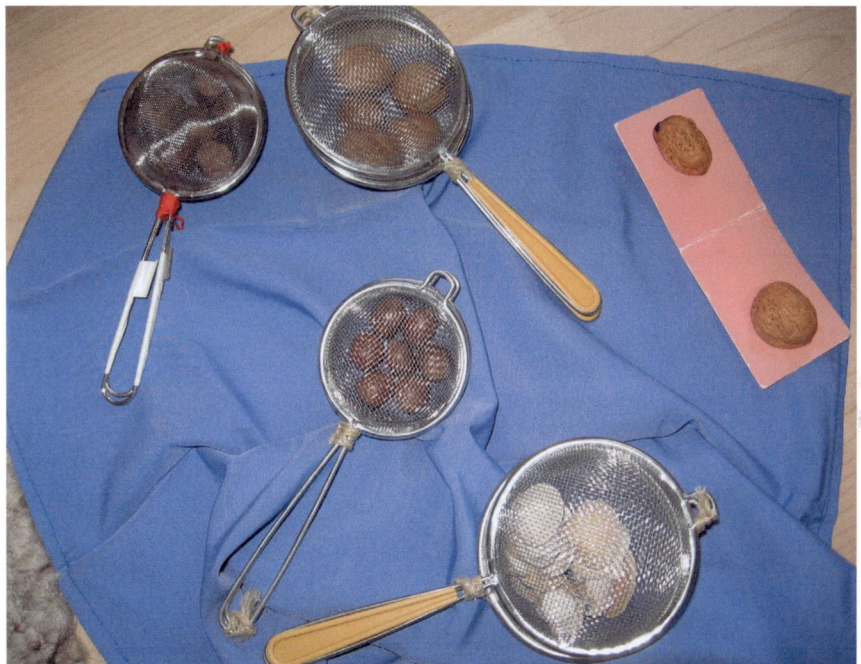

Abb. 11: Selbst gebastelte Instrumente

Eine Hälfte unter den Kinnor geschoben verkürzt die Saiten, die dann höher klingen. Fast ein Nonsens - Gedicht ist „Klicker klacker ...", da kann es beim Sprechen klickern und klackern- und das macht Spaß, selbst wenn der Text nicht verstanden wird (manchmal klickern und klackern die Gebisse auch mit).

Auch „Holler, boller Rumpelsack" ist wieder so ein zungenbrecherisches Gedicht. Besonders schön finde ich die Nüsse, die „runzlig, punzlig anzuschaun" sind. Das sind Wörter, die gerne aus dem Mund kommen, weil sie das erklingen lassen, was sie aussagen und zum Mitsprechen anregen. Wenn dann noch die Nüsse im Säckchen dazu klackern, ist der Spaß perfekt.

In so mancher Stunde haben die Teilnehmer begeistert mit einer Nuss auf den Tisch geklopft und so den Trepak begleitet.

9.2 Schlussbemerkung

Anhand vieler Beispiele habe ich zu zeigen versucht, dass auch der musikalische Laie problemlos mit dem Kinnor umgehen kann. Das Musizieren mit Senioren erfordert lediglich ein wenig Mut, es einmal zu versuchen. Wer diese Hürde überwunden hat, wird vielfach belohnt durch die Freude und den Spaß, die das Musizieren den Teilnehmern und ihm selbst bereitet. Der Umgang miteinander wird entspannter und strahlende Augen und rosig angehauchte Wangen zeigen, dass neue Lebensfreude eingekehrt ist.

Verwendete und weiterführende Literatur

Aldridge, David (Hg.) (2003): Music therapy world. Musiktherapie in der Behandlung von Demenz. Norderstedt: Books on Demand GmbH

Bayern (2010): Musizieren mit dementen Menschen. Ratgeber für Angehörige und Pflegende ; mit 15 Liedern auf Audio-CD und zahlreichen Bewegungs- und Musiziervorschlägen. 2. Auflage. München, Basel: Ernst Reinhardt Verlag (= Reinhardts gerontologische Reihe; Band 39)

Decker-Voigt, Hans-Helmut (2000): Aus der Seele gespielt. Eine Einführung in Musiktherapie. Aktualisierte Taschenbuchausgabe Juli 2000. München: Goldmann (= Goldmann Mosaik; 13561)

Haarhaus, Friedrich (2007): Liederbuch für die Seniorenarbeit. München: Elsevier Urban & Fischer

Harms, Heidrun/Dreischulte, Gaby (2007): Musik erleben und gestalten mit alten Menschen. 3. Aufl. München: Elsevier Urban & Fischer

Hartogh, Theo/Wickel, Hans Hermann (2015): Musizieren im Alter. Arbeitsfelder und Methoden. s.l.: Schott Music

Jourdain, Robert/Numberger, Markus/Mühler, Heiko (2009): Das wohltemperierte Gehirn. Wie Musik im Kopf entsteht und wirkt. Nachdr. Heidelberg: Spektrum Akad. Verl.

Latz, Inge (1989): Musik im Leben älterer Menschen. Singen und Musizieren, Spielanleitungen, Klangerlebnisse. 2., durchges. Aufl. Bonn (= Dümmlerbuch; 5858)

Oerter, Rolf (2014): Der Mensch, das wundersame Wesen. Was Evolution, Kultur und Ontogenese aus uns machen. Wiesbaden: Springer Spektrum

Schaade, Gudrun (2012): Ergotherapie bei Demenzerkrankungen. Ein Förderprogramm. 5. Aufl. Heidelberg: Springer Medizin Verl.

Tüpker, Rosemarie/Wickel, Hans Hermann (Hg.) (2009): Musik bis ins hohe Alter. Fortführung, Neubeginn, Therapie. 2. Auflage. Norderstedt: Books on Demand GmbH

Danksagung

Mein Dank gilt zunächst Prof. Theo Hartogh und Prof. Hans-Hermann Wickel, die mit ihrem Enthusiasmus und mit ihrem Engagement für die Musikgeragogik den Funken der Begeisterung für diese Disziplin in mir entfacht haben.

Bernd Schneider aus Ludwigsbrunn hat sich von mir anstecken lassen und geduldig und mit großem Fachwissen den Kinnor entwickelt, den er jedesmal neu und ganz einzigartig in seiner Werkstatt baut.

Immer wieder haben Seminarteilnehmer/innen mich ermutigt, den Inhalt der Fortbildungsveranstaltungen auch schriftlich festzuhalten, um dadurch Unterstützung in ihrer täglichen Praxis zu erfahren, die für eigene detaillierte Vorbereitung oft keine Zeit lässt.

Frithjof Thomas hat mit seinen Abbildungen viel dazu beigetragen, die schriftlichen Ausführungen zu illustrieren und damit verständlicher zu machen.

Schließlich gilt mein besonderer Dank meinem Sohn Karsten, ohne dessen Unterstützung beim Layout dieses Büchlein gar nicht hätte entstehen können.

Hof, im September 2014